バルタザール・グラシアン

野田恭子〔訳〕

賢く生きる智恵

Baltasar Gracián

——新版

イースト・プレス

賢く生きる智恵 ―新版

はじめに

一七世紀にスペインで書かれた本書は、年月を重ねても、鈍ることのない輝きを保ち、名声と人気を高め続ける稀有な書です。そして現代においてもなお、新しい読者に読み継がれています。

本書の一五九のシンプルな言葉は、あなたがどのようにして人生を切り開けばよいのか、仕事や人生で成功するにはどうすればよいのかを、教えてくれるでしょう。

グラシアンの教えはときには、利口に立ち回るべきことの大切さを説き、したたかに世の中を渡っていくための方法を教えてくれます。しかし、だからといって本書は、権謀術数の手引きではありません。

正しいやり方で力を持つのは大事なこと。力を持つことで、たくさんの良い行いができる。それは、よりすぐれた人間としての資質を得ることであり、すぐれた人間になることを真剣に追求するなら、まず、自分を完璧にすることだとグラシアンは教えます。

本書は、自分を高めながら賢く生きるための、「実践マニュアル」なのです。

グラシアンは、こう強く主張しています。

「人間は完璧に生まれついているわけではない。最高の自分に磨きあげるためには、人格や仕事の能力を日々磨いていかねばならない。人間の完成度は、思考の明晰さ、判断の成熟度、意志の固さ、趣味の高尚さなのだ」

この名著は書かれてすぐに、原書のスペイン語からヨーロッパの主要八言語に翻訳され、英語訳はその後も何冊も出版されました。そして、四〇〇年経ったいま、世界中で翻訳され、数えきれないほど多くの人に読み継がれています。

ドイツの哲学者、アルトゥル・ショーペンハウアーは、本書を「いつも座右に置くべき書であり、人生の友である」と絶賛しました。そのうえで、「一回通読しただけでは、まだまだ不充分であり、本書はじっくりと味わって読むべき書」だと述べています。

何を信じてよいかわからなくなったとき、自分がわからなくなったとき、本書はあなたをあるべきところへと導く手引きとなるでしょう。どうぞ思うまま、本書をまず開いてみてください。そこに、あなたがいま実践すべき短い言葉が書いてあります。それがあなたを高める第一歩となるのです。

編集部

賢く生きる知恵　目次

はじめに　2

Ⅰ 賢く生きる

自分の一番良いところを知る 18
良い人でいようとしすぎない 20
悪智恵はほどほどに使う 22
ツキを見きわめる 24
はじめに手の内を見せない 26
考えをはっきり示さない 28
感情のままに行動しない 30
修練する 32
時流に乗る 34
運に執着しない 36
機が熟したら楽しむ 38
一番乗りを目指す 40
趣味を磨く 42
結果を重視する 44
ふとした衝動に流されない 46
断り方を覚える 48
態度を変えない 50
智恵のすばらしさを知る 52
人の欲望を利用する 54

II 人とつきあう

相手の急所を見つける 58
人を嫌わない 60
自分を高める相手とつきあう 62
失うもののない人と争わない 64
口先だけの人を見分ける 66
愚か者とつきあわない 68
愚か者の異常さにとりつかれない 70
周囲の人に合わせる 72
友人を持つ 74
人格を見誤らない 76
さまざまな意見を認める 78
喜ばれることは自分でやり、喜ばれないことは人にやらせる 80
自分をかすませる人物をそばに置かない 82
難癖をつけない 84
引き際をわきまえる 86
相手に応じて態度を変える 88

III 自分を高める

最高の自分を目指す 92
小さい失敗なら許される 94
多芸多才である 96
能力をさらけださない 98
期待をつなぎ続ける 100
評判を取り、それを維持する 102
幻想を抱かない 104
見かけを良くする 106
良いときに悪いときの備えをする 108
まわりの人の欠点に慣れる 110
自分のことを話さない 112
自分を信頼する 114
百回成功するより一回も失敗しないことを目指す 116
大げさなことを言わない 118
多くの人の前で考えを言わない 120
確かな判断力を持つ 122
価値あることで抜きんでる 124

Ⅳ 世の中を渡る

憎まれ役は人にやらせる 128
言い逃れの術を覚える 130
悪口を言いふらさない 132
陽気な性格を持つ 134
情報を注意して受け取る 136
新顔の立場を利用する 138
軽蔑は使いよう 140
敵を利用する 142
求められる水準が高すぎるところには行かない 144
礼儀知らずな人間はどこにでもいる 146
敵の出方を考えすぎない 148
自分の考えにこだわりすぎない 150
一回であきらめない 152
相手の名誉を担保に取る 154
自分に何が足りないかを知る 156
利口になりすぎない 158
愚かなふりをする 160
嘲笑されてもやり返さない 162
最後までやりとげる 164
逆さまに考えてみる 166
聞かれるまで説明しない 168

V 品格を持つ

礼儀を身につける 172
無駄に大騒ぎしない 174
話と行動で差をつける 176
あら探しをしない 178
欲望や欠点は隠す 180
品格を大切にする 182
高潔さをだいじにする 184
威厳を保つ 186
退屈な話をしない 188
地位をひけらかさない 190
やるだけでなく
やっていることを見せる 192
高潔な心を持つ 194
まわりの人に合わせる 196
頼みの綱を二つ持つ 198
自分を中心にすえる 200
一人で生きられる 202
自分の話に聞きほれない 204
最初は譲り、最後に勝つ 206
ものごとの内側を見る 208
あやしげなことには手を出さない 210
不運を避ける 212
親切を心がける 214
愚かさに耐える 216
風向きを確かめる 218
名誉ある戦いをする 220

VI　信頼される

良識ある人に評価される　224
姿を消して自分の価値を再認識してもらう　226
動揺しない　228
勤勉かつ知的である　230
いつでも動けるようにしておく　232
ゆっくり確実に取り組む　234
偉い人の欠点を見逃さない　236
あらゆることに慰めを見出す　238
最後は秘密にする　240
過ちを重ねない　242
本心を明かさない　244
相手に注意する　244
自分も人も困るようなことをしない　246
自分の一番の欠点を知る　248

Ⅶ 良い仕事をする

人に尊敬される仕事を選ぶ 252
部下に難しい仕事を与えよう 254
良い補佐役を使う 256
目標とする英雄を選ぶ 258
ふざけてばかりいない 260
みながほめているものを一人で批判しない 262
ものごとを限界まで放置しない 264
ともに困難を背負ってくれる相手を見つける 266
相手の敵意を好意に変える 268
相手のためだけに生きることはできない 270
忘れられることは忘れる 272

Ⅷ 良い人生を過ごす

知識と良い目的を持つ 276
穏やかに長生きする 278
人に愛される 280
豊かな知識をたくわえる 282
空想を手なずける 284
自分を知る 286
他人の良いところを見つける 288
自分の幸運の星を知る 290
夢を残しておく 292
名誉ある行動をする 294
すぐれた人物を見つける 296
努力で能力を磨く 298
知識を持つか、知識を持っている人を知る 300
愚かなことで死なない 302
多くの愚か者に流されない 304
愛しすぎても、憎みすぎてもいけない 306
力がだめなら頭を使う 308
晩年になってから人生を始めない 310
相手の答えの逆を考える 312
利己的すぎもしないし利他的すぎもしない 314
小さな不幸を甘く見ない 316

IX

成熟する

極端な考え方をしない 320
油断しない 322
知らないことでは
安全な方法を選ぶ 324
親切をおまけにつける 326
歳とともに訪れる
性格の変化を活かす 328
悪評を受けるような
ことはしない 330
反論してくる相手に反論しない 332
余計な口出しをしない 334
人の不運に巻き込まれない 336
余計な責任を負わない 338
情に任せて行動しない 340
相手を試す 342
やってもいないのに
やったふりをしない 344
つねに人の目を意識する 346
聖人であれ 348
成熟した人間になる 350

装画
qp（キューピー）

ブックデザイン
アルビレオ

I

賢く生きる

自分の一番良いところを知る

I

自分の一番良いところを知っておこう。秀でた部分を見出し育てれば、足りない部分を補える。自分の長所さえ把握していれば、誰でも何ごとかに抜きんでることができるはずだ。自分がどんなすぐれた資質を持っているかを知り、それを使いこなそう。

判断力なら負けない、という人もいれば、自分は誰より勇敢だという人もいるだろう。だが、ほとんどの人は持って生まれた能力を自分自身で踏みにじってしまい、何ごとも成しとげることができない。

良い人でいようとしすぎない

良い人でいようとして、まったく怒らないのは良くない。感情がない人は人間らしくない。そういう人は、必ずしも怒らないのではなくて、はなから怒れないのである。

ときには激情にかられてこそ人間性が見える。ただ立っているだけの案《か》山子《かし》はすぐ鳥にばかにされる。厳しい面とやさしい面を兼ね備えているのが良識の証だ。甘いだけのお菓子は子どもか愚か者向きのものである。いくらお人よしでも、そこまで無感情になってはいけない。

悪智恵はほどほどに使う

悪智恵は、使ってもいいが、使いすぎてはいけない。使うのを楽しむべきではないし、ましてや自慢するなどもってのほかだ。悪智恵は、忌み嫌われるので、ひた隠しにすべきである。

世の中にはごまかしがあふれているから、よくよく警戒しなければならないが、警戒の姿勢は見せないことだ。警戒している様子は、かえって不審の目で見られる。いらぬ反発を買い、思わぬ面倒にもつながりかねない。もちろん、警戒してことにあたれば、それは何よりの智恵の証である。何をするにも、うまくやる一番のコツは、どう実行するかを確実に把握しておくことだ。

ツキを見きわめる

I

賢く生きる

何かをやったりやめたりする前に、自分のツキを見きわめよう。ものごとは、自分の性質を知るより、ツキを読めるかどうかにかかっている。だが、四〇歳にもなって、健康になりたいと医学書を読むのは愚かだし、智恵が欲しいと哲学書を読むのはもっと愚かである。運気がやってくるのを待ちながらも導く術こそ身につけるべきだ。適切なときを待って運を使うだけでうまくいく。運には使いどきがあり、それが好機だからだ。

運の足取りは気ままなので、行手を予測することはできない。運が向いていると思ったら、思い切って踏み出そう。運命の女神は、大胆で若々しい者がお好きだ。だが、もし今はツキがないと思ったら、不運の星の影響を強めないよう、おとなしくしていることだ。

はじめに手の内を見せない

賢く生きる

I

はじめから態度を明らかにしてはいけない。明らかにしたときの新鮮さが賞賛され、評価が上がる。はじめから何もかも見せてしまうのは、無益だし、つまらない。なかなか正体を明かさずにいると、周囲の期待が高まってくる。注目の的となるような重要な地位にあればなおさらだ。何ごとも少々神秘めかしておこう。神秘こそが、尊敬の念をかきたてる。

打ちあけるときも、あまりあからさまに話してはいけない。日常の会話でも心の奥底を明かす必要などない。注意深く黙っているのが処世の智恵の極意だ。早々に表明した態度は決して高くは評価されないし、批判されやすくなるだけだ。批判されれば、二重の不幸である。

考えをはっきり示さない

考えたことをあからさまに示してはいけない。情熱にかられると、うっかり心の中が見えてしまう。知性のもっとも実用的な使い道は、感情をいつわることだ。ゲームでカードが丸見えになっていたら、賭け金を失いかねない。充分に警戒し、詮索好きな人々の好奇心をけむに巻かなければならない。

趣味嗜好さえ知られてはならない。誰かがそれに対抗したり、おだてるのに利用したりするのを防ぐためである。

感情のままに行動しない

I

激情に流されてはいけない。もっとも高潔な精神の持ち主だけが、激情から自由になれる。高潔さが、行き当たりばったりのつまらない衝動から彼らを救う。

自分自身や、自分の衝動を支配するのは、ほかのことを支配するより難しいが、それこそが自由な精神の勝利である。もめごとを避けるには、これが唯一の賢明な方法であり、良い評判を得るための一番の近道である。

修練する

I

自然と芸術、物質と技術について考えてみよう。人の手によらない美はありえない。熟練の技術がなければ、どんなにすぐれたものも原始のままである。技術は悪いものを正し、良いものをさらに良くする。自然はめったなことでは最良の部分を人に与えないので、人は芸術を頼りにせざるをえない。

芸術なしに自然は洗練されず、仕上げのひと手間がなければ、すばらしさの半分は表れ出ぬままである。人間も修練しなければ粗野な部分が残る。どんなにすばらしい部分もさらに磨きあげなければならない。

時流に乗る

I

賢く生きる

どんなに傑出した人物も時代に左右される。誰もが自分に合ったいい時代に生まれるとは限らないし、ふさわしい時代に生まれたとしても、それを生かせるとは限らない。別の時代に生まれたほうが向いていただろうに、と思える人たちもいる。いつの時代も良いものが栄えるとは限らないからである。

ものごとには寿命がある。すぐれたものであっても、時代とともに変わらざるをえない。ただ、智恵には一つ良いところがある。永遠であることだ。

運に執着しない

たとえ勝ち続けていても運に執着してはいけない。すぐれた勝負師はみなそうする。勇敢な攻撃と同様に、うまい退き方もたたえられるべきことである。じゅうぶん勝ったと思ったら、たとえ勝ち続けていても退いたほうがいい。あまりに長く続く幸運は疑ってかかるべきだ。運の向きはときどき変わるほうが安心だし、ほろ苦いくらいがかえって甘くなる。幸運が積もり積もるほど、滑り落ちる危険も大きくなるし、下り坂は必ずやって来る。

幸運の女神が与えてくれる絶頂は、その頂が高くなるほど期間が短くなることがある。女神は疲れやすく、あまり長く人を肩に乗せていられないのだ。

機が熟したら楽しむ

機が熟すときを見逃さず、その楽しみ方を知っておこう。自然界のものはみな、いつか成熟のときを迎える。そのときまで成長を続け、あとは衰えていく。美術品の場合は、自然と違い、これ以上成長できないというところに到達することはほとんどない。すべてをもっとも熟した状態で味わえるのは、眼識ある人の特権である。誰もがこれをできるわけでなく、また、それをできる人がみな機をとらえられるともかぎらない。

知性の果実にも成熟のときがあるが、その果実を評価し、役立てるためには、熟れどきを見きわめることが大切だ。

一番乗りを目指す

その道の一番になるのはすばらしいことだ。高い水準での一番なら、効果は倍になる。能力が同等なら、最初に動いたほうが大いに有利だ。一番乗りさえしていれば、その分野で名声を確立できたはずの人も少なくない。名声を得るのはつねに一番乗りした人であり、遅れた人の取り分はわずかだ。遅れた人が何をしようと、ただの模倣にすぎないと世間は考える。

非凡な能力を備えた人は、高みへの新しい道を見つけるが、慎重さも失わない。そうした賢者は、誰も考えなかったことをすることで、英雄に列せられる。

趣味を磨く

趣味を磨こう。趣味は知性と同じように磨くことができる。知識を満たし、願望を刺激し、楽しみを増やそう。趣味の高尚さで精神の高潔さがわかる。偉大な心を満足させることができるのは偉大なものだけである。大きな口には大きな食べ物が、高潔な精神には高潔なものがふさわしい。洗練された趣味を持つ人に評価されるとなれば、もっとも勇敢な人も震え上がり、もっとも完璧な人も自信を失う。ただし、最高級といえるようなものはめったにないから、むやみになんでもほめないほうがいい。

結果を重視する

経過より結果を重視しよう。勝つことより、勝負の厳しさに目が向いてしまう人がいる。だが、世間からみれば、最初のがんばりが認められたからといって、最終的な敗北の不名誉が帳消しになるわけではない。

勝者に言葉はいらない。世間はどんな手段を使ったかなど気にはしない。結果の良し悪しだけを見るのだ。勝ちさえすれば、失うものは何もない。どんなに手段が気に入らなくても、終わり良ければすべて良し。だから、良い結果が出そうになければ、智恵で対抗するのも一つの智恵である。

ふとした衝動に流されない

ふとした衝動に流されていてはいけない。感情の変化に決して左右されないのはすばらしいことである。人は自分を省みることで智恵を学ぶ。自分の性格を知って把握したうえで、正反対に向けてみよう。自然の衝動と意志の力が均衡するところを見つけるのである。

自分を知ることは、自分を改善する第一歩だ。むら気がひどく、感情がころころ変わって心が安定しない人がいるが、彼らは不協和に引き裂かれ、相反するものに拘束されている。そのような状態では、堅固な意志など持てるはずはなく、すべての判断に迷いが生じ、欲求と知識が正反対の方向に向かおうとする。

断り方を覚える

断り方を覚えよう。いつでも、誰にでも道を譲る必要などない。断り方を知ることは、引き受け方を知るのと同じくらい大切だ。地位の高い人の場合はとくにそうである。どう断るかで、相手に与える印象は大きく変わる。ある人のノーが別の人のイエスより熟慮を重ねた結果である場合もある。礼をつくしたノーは、そっけないイエス以上に相手に満足を与える。

断るときは単刀直入に言わず、がっかりさせるのは少しずつにしたほうがいい。また、きっぱりと完全に断ってしまうのもよくない。頼りにしてくれる気持ちを壊さぬよう、かすかな希望を残して断りを和らげることだ。礼儀正しさで埋め合わせをし、言葉をつくして行動に代えよう。応じるも断るも、返事はほんの短い時間ですんでしまうが、その前にじっくりと考えるべきである。

態度を変えない

ころころと態度を変えてはいけない。性格から出たことであれ、気どった気持ちからであれ、突飛な行動は慎むべきだ。賢人が信頼されるのは、つねに最高の状態を一貫して保っているからである。彼らが態度を変えるときにはもっともな理由があり、しかも充分に考えたあとのことである。ものごとを行うにあたっては、変化は嫌われる。だが、毎日態度が変わる人もいる。昨日の白は今日の黒、今日の拒否は昨日の承諾、といった具合だ。それによって彼らの運も変わってくる。彼らはつねに自分の名誉を裏切り、自分の信用を傷つけている。

智恵のすばらしさを知る

智恵というものは、どんな分野においてもすばらしい価値がある。小賢《こざか》しさが束になっても、ほんのひと握りの智恵にかなわない。これは、どんな行動をするときも、どんな言葉を発するときも、もっとも心にとめておかなければならない法則である。地位が高くなり、肩書きが増えるほど、強く肝に銘じるべきである。これが唯一の確かな道だが、多くの賞賛は得られない。だが、智恵に対する名声は、名声のうちでも最上のものである。賢者を満足させれば充分だ。賢者の判断こそ、あなたが成功するための真の指標だからである。

人の欲望を利用する

人の欲望を利用しよう。欲望が大きいほど、人は自由を失う。哲学者はものがないのは無だと説明するが、政治家はものがないことは欲望につながり、すべてに影響すると言う。正しいのは後者だ。多くの人は、目的のものを手に入れる踏み台に人の欲望を使う。機をとらえては、なかなか手が届かないものを見せつけて欲望をあおる。

現状に満足している持てる者より、欲望が強烈な持たざる者のほうが、利用価値は大きい。欲望の炎は障害が多いほど燃えさかる。相手の欲望をある程度満足させつつ、こちらに依存する状態を保つには、こうした微妙なところを踏まえておかねばならない。

II

人とつきあう

相手の急所を見つける

人とつきあう

II

相手の急所を見つけよう。人を動かすにはこの手が一番だ。そのために必要なのは、気合よりも術だ。それぞれの相手に対し、どこを攻めるべきか見きわめなければならない。人が何かしたいと思うときには、その人の趣味に応じてさまざまな特別な動機がある。人はみな、特別にこだわっているものがある。名声を重んじる人もいれば、利益に執着する人もいる。ほとんどの人が求めるのは快楽だ。そのこだわりを見つけ、火をつけるのには技術がいる。相手を動かす動機がわかれば、その人の心の鍵を手に入れたに等しい。その急所に訴えることだ。

急所はその人のもっとも高潔な部分にあるとはかぎらず、えてして低級な部分にある。なぜなら人間には、良い性質より悪い性質のほうが多いからだ。とにかく、相手の急所に見当をつけたら、甘言を弄してそこをくすぐるとよい。そうすれば相手は身動きがとれなくなる。

人を嫌わない

人とつきあう

II

嫌悪感を持たぬようにしよう。私たちはよく、人に対して嫌悪感を持つ。相手のことを何も知らぬうちから、虫が好かないと思うことさえある。この低俗な感情は、ときにすぐれた人物に向けられることもある。

嫌悪を抑えるのは良識だ。自分よりすぐれた人を嫌うほど恥ずべきことはない。偉大な人への共感は人を高め、偉大な人を嫌えば卑しくなる。

自分を高める相手とつきあう

II

人とつきあう

学ぶところのある相手とのつきあいを深めよう。交友を知識を得る場とし、会話で教養を広げよう。友を師とし、会話を楽しみつつ有益な教えを学ぼう。良識ある人は交友からさまざまな楽しみを得る。話せば賞賛を受け、耳を傾ければ知識が得られる。私たちはつねに自分の利益から人に興味を持つが、良識ある人たちの場合、その興味も高尚なものである。

賢者が高貴な家庭に通って交流を深めるのは、そこが虚飾の殿堂ではなく英雄の劇場だからだ。彼らが豊かな智恵で知られるのは、高貴な賢人として行動で範を示しているからというばかりではない。彼らを取り巻く人々が、きわめて高貴ですぐれた智恵に満ちた、品格ある一派を形成しているからである。

失うもののない人と争わない

失うもののない人と争ってはならない。とうてい勝ち目はない。相手はすでに羞恥心を含めて何もかも失っているから、もはや何の憂いもない。だから、人を人とも思わぬありとあらゆる手を使う。あなたの価値ある名声をそんな恐ろしい危険にさらしてはならない。何年もかけて築き上げたものを、一瞬にして失ってしまうかもしれないのだ。ちょっと相手を見くびったばかりに、これまで流した大量の汗が無になるかもしれない。

名誉と責任のある人が名声を保っているのは、失うものがあまりにも多いからだ。彼は自分とつりあう名声を持つ人しか相手にしない。注意に注意を重ねたあとでしか、争いに加わらない。それほどまでに警戒して仕事にかかるので、いつ手を引くべきかも賢明に判断する時間の余裕があり、名声を守ることができる。不用意に自分を敗北の危険にさらして失ってしまったものは、たとえ争いに勝っても取り戻すことはできない。

口先だけの人を見分ける

口先だけの人を見分け、行動のともなった人と区別しよう。区別することは大切だ。友人、身内、仕事関係、それぞれにいろいろな人がいるのを区別するのが大切なのと同じである。悪意ある言葉は、悪い行動がともなわなくても悪い。だが、口先は立派なのに、行動が悪いのは、もっと悪い。人はあてにならない言葉や、慇懃《いんぎん》なごまかしを食べて生きることはできない。鏡の罠《わな》で鳥をおびきよせて捕まえるのはまさにごまかしだ。空虚な言葉を喜ぶのはうぬぼれ屋だけだ。質札が貸付金額を証明するように、言葉は行動の誓いであるべきだ。葉だけで果実を実らせない木には、たいてい芯がない。そういう木は日陰をつくるしか使い道がないことをよく覚えておこう。

愚か者とつきあわない

II

愚か者とつきあってはいけない。愚か者を見てもそれが愚か者と気づかない人は、愚かである。また、相手が愚か者と知りつつ手を切れないのも、愚かである。愚か者は危険な同伴者であり、破壊的な親友である。しばらくは自重し、相手の目もあるので、おとなしくしているが、いずれは必ず何か愚かなことをやったり、言ったりする。しかも、その内容は長いこと温められてきただけに、愚かさの度合いを増している。

彼らはまったく信用がないから、彼らと一緒にいても、あなたの信用は増さない。彼がひどく不運なのは、愚かさの報いである。愚かさは不運の、不運は愚かさの報いであり、愚か者は双方を負わなければならない。ただ、たった一つ愚か者にも悪くないところがある。彼らは賢者の役には立たないが、賢者にとっては反面教師にはなることだ。

愚か者の異常さにとりつかれない

II

人とつきあう

愚か者の異常さにとりつかれてはいけない。うぬぼれ、出しゃばり、わがまま、信用のなさ、気まぐれ、頑固、空想癖、わざとらしさ、変人、詮索好き、性格の矛盾、偏屈など、バランスを欠いた性格にもいろいろあるが、これらはみな、横柄さが異常な怪物となったものである。

心のゆがみは体のゆがみより醜悪だ。高雅な美を汚すからである。これほど乱れきった心は誰にも助けてやることはできない。自己管理ができない人は、人の助言も受け入れない。こうした人々は人からあざけられても意に介さず、受けられるはずもない賞賛を夢想する。

周囲の人に合わせる

II

周囲の人に合わせよう。能力をひけらかす必要はない。必要以上の力は使わないことだ。知識や労力は無駄遣いしないにかぎる。熟練の鷹遣いは狩りに必要な鷹しか放たない。今日すべて見せてしまうと、明日見せるものがなくなる。

つねに人を感心させる目新しいものをいくらか隠し持っておくといい。毎日何か新しいものを見せておけば、いつも人の期待をひきつけることができ、能力の限界に気づかれることもない。

友人を持つ

人とつきあう

II

友人を持とう。友人は第二の自分だ。どんな人も、友人に対しては立派で賢明である。友人との間ではすべてが良いことになる。人は友人の望むとおりに変わる。友人に幸運を祈ってもらうには、まず友人の心をつかみ、それによって言葉にしてもらう必要がある。親切に勝る魔法はない。相手の心をつかむには親切な行いをすることだ。

人間のほとんどの部分、そして最良の部分は他人次第で決まるが、私たちの周囲には友人ばかりでなく敵もいる。だから、日々、幸運を祈ってくれる人を探そう。今は友人でなくても、つきあっていくうちに、やがて親しくなる相手もいるだろう。

人格を見誤らない

II

人格を見誤らないようにしよう。これは最悪の、しかし、もっとも犯しやすい過ちである。商品の品質でだまされるくらいなら、値段でだまされたほうがまだいい。人間関係では、ほかのこと以上に、中身を見ることが必要になる。

人を知ることと、ものごとを知ることは違う。人を知るとは、思いの深さを測り、性格を見分ける深遠な哲学である。人間も書物と同じように深く研究されるべきだ。

さまざまな意見を認める

II

人とつきあう

世の中の半分はもう半分を互いに笑いものにしているが、どちらも愚かだ。どんなことも、良いと思う人もいれば悪いと思う人もいる。ある人が追い求めるものを、ある人はさげすむ。自分の考えがすべてを決めると思っている、許しがたい傲慢な人もいる。一人が満足したからといって、すばらしいという証明にはならない。人によって趣味はさまざま、みな違う。

どんな欠点も愛してくれる人がいる。誰かが喜んでくれなかったからといって、がっかりすることはない。ほかの誰かが認めてくれる。逆に、賞賛されたからといって有頂天になるのも間違いだ。必ず批判する人がいる。特定の意見や慣習、時代にかたよった考え方はすべきでない。

喜ばれることは自分でやり、
喜ばれないことは人にやらせる

II

喜ばれることは自分でやり、喜ばれないことは人にやらせせよう。そうすれば、人に好かれ、敵意を免れることができる。偉大な人は親切を受けるより、親切を施すことを喜ぶ。それは彼の寛大な性質ならではのことだ。人に苦痛を与えると、同情がわいたり、自責の念にさいなまれたり、自分も苦しまなければならない。

高い地位にある人は賞罰を与えなければならないが、賞は自分で、罰は人を通して与えよう。不満、憎悪、中傷などを受け止めてくれる、叩かれ役をつくっておくとよい。大衆の怒りは犬の怒りと同じで、痛みの原因がわからないと鞭《むち》にかみつく。悪いのは鞭ではないが、報いを受けるのは鞭である。

自分をかすませる人物を
そばに置かない

自分が見劣りする人物をそばに置いてはいけない。立派な人物のそばは避けたほうがいい。相手がすぐれていて、高く評価されている分、主役はいつも彼で、あなたは脇役ということになる。たとえ目にとめてもらえても、おこぼれ程度だ。月は星々の中ではひときわ明るいが、いったん太陽が昇ってしまえば見えなくなって誰も気づかない。

周囲に置くのは、あなたの影をうすくするような人たちでなく、引き立ててくれる人たちにすべきである。分の悪い相手と一緒にいて、自分をかすませるような危険はおかすべきではないし、自分の名誉を犠牲にしてまで人を立てるのもやめよう。成功への道の途上にあるときはすぐれた人とつきあい、いったん成功したら、平凡な人をまわりに置くとよい。

難癖をつけない

難癖をつけてはいけない。何でもだめだと決めつける陰気な人たちがいる。悪気があるわけではなく、もともとそういう性格なのだ。彼らは人がやったこと、やろうとしていること、何でも批判する。こういう性質は、単に情がないというより、芯から卑しいのだ。

彼らは些細な欠点を大げさに言い立てる。文句をつけられるものはないかと目を光らせ、天国をも地獄にする。感情的になると何でも大ごとにしてしまう。逆に、高潔な人は失敗したわけを考えてくれる。やろうとしたことは悪くなかったが、うっかり失敗してしまっただけだ、と認めてくれる。

引き際をわきまえる

人とつきあう

II

自分が落ち目になるのを待っていてはいけない。見放される前に見放すのが賢者のやり方である。最後をなんとか勝利でしめくくることはできるはずだ。しばしば太陽は、もっとも輝いているときでさえ、沈みゆく姿を見られぬよう雲に隠れる。そうすれば、見ている人は太陽が沈んだのかどうかわからない。不幸な現実に直面して、身を引かなければならなくなる前に、下りておくのが賢明だ。世間に背を向けられ、心は生きたまま、名声は死に絶えて、墓場に運ばれるのを待っていてはいけない。

賢明な調教師は馬がレースで転んで笑いものになる前に引退させる。また、美人は早めに鏡を割っておいたほうがいい。さもないとすべてを見なくてはならなくなる。

相手に応じて態度を変える

人とつきあう

II

相手に応じて態度を変えよう。さまざまなものに姿を変える海神プロテウスの思慮深さを見習おう。学識のある相手には学識ある人として、高徳な相手には高徳な人としてふるまうべきである。そうすれば多くの人に共感してもらえる。共感を得れば、好意的に受け入れられる。相手の気分を読んで対応し、ときによって陽気な顔と深刻な顔を使い分けよう。

だが、相手に合わせていることは、できるだけうまく隠したほうがいい。とくに雇われている人にとっては、それは必須の技である。これを実践する人はきわめて賢明でなければならない。博識と豊かな創意に恵まれた人であれば、行うのに何の支障もないだろう。

III

自分を高める

最高の自分を目指す

自分を高める

III

最高の自分を目指そう。人間はみな完璧に生まれついているわけではない。行動においても人格においても完璧を目指し、最高の状態に至るまで、人格や仕事の能力を日々磨いていかねばならない。人間の完成度は、趣味が高尚なこと、思考の明晰さ、判断の成熟度、意志の固さでわかる。

つねに何かが欠けていて、どうしても完璧になれない人もいれば、晩年になって大きく成長する人もいる。完璧な人は、智恵ある言葉を話し、思慮深く行動する。賢者たちは、彼らを親しい仲間に迎え入れ、ときにはわざわざ探し出しさえする。

小さい失敗なら許される

小さい失敗なら許される。少し抜けていた方が、得てして才能が目立つ。出る杭は打たれ、非の打ちどころのない人ほど目の敵にされる。嫉妬心は、完璧なことやわずかな欠点もないことを欠点と見なす。申し分のないものをつかまえて、完璧とはけしからんと非難する。嫉妬深い人は目を皿にして人の欠点を探して、それだけをなぐさめとしている。

非難は雷のようなもので、一番高いところに落ちるのだ。偉大な詩人ホメロスでさえ、ときには居眠りしたように、あなたも勇気や知性——思慮でなく——が少々足りないふりをしよう。そうすれば相手も悪意を捨てるか、少なくとも、嫉妬の毒がはじけて飛び散ることはなくなる。嫉妬の角にマントをかぶせて不滅の名声を守るのだ。

多芸多才である

III

すばらしい才能をたくさん備えた人が一人いれば、多くの人がいるのと同じである。そういう人は、人生の楽しみを友人や弟子たちに伝え、彼らの生活を豊かにする。いろいろな才能を持っていると、人生は楽しい。それらをすべて楽しむのは、至難のわざである。

神は自然の精髄として、もっとも完成された形で人間をつくったのだから、人間は趣味と知性を鍛えて、自分自身を真の小宇宙とすればよい。

能力をさらけださない

能力の限界を察知されないようにしよう。誰からも尊敬されたければ、自分の知識と能力のほどをとことん探らせてはいけない。知り合いになったからといって、すべてを見せてはいけない。能力の限界をさとられて、相手をがっかりさせないためだ。賢者は決して自分のことを徹底的に詮索させることはない。

賢者の能力がどれほどかを正確に知ることができ、彼がきわめてすぐれた英知を備えていることがわかったとしても、能力の限界が憶測でしかはかりしれないときほどには、尊敬の念をかきたてられはしないだろう。

期待をつなぎ続ける

III

期待をつなぎ、かき立て続けよう。大きな期待はさらなる期待につながり、偉業はさらなる偉業の期待を生む。すべての幸運をサイコロの一振りにゆだねてはいけない。周囲の期待を裏切らないように力を加減するには、高度な技術が必要である。

評判を取り、それを維持する

III

評判を取り、それを維持しよう。評判は名声があって初めて得られる。評判を取るのは並大抵のことではない。傑出した才能のある人のみが獲得できるが、それほどの才能のある人はめったにいない。凡人がどこにでもいるのとは正反対である。いったん評判をとれば維持するのはそう難しくはない。多くの責任が生じるし、それ以上のこともある。高い権力や気高く潔い行動による評判は、尊敬に近いものになり、一種の威厳をもたらすからだ。だが、末永く続くのは、実力にもとづいた評判だけである。

幻想を抱かない

幻想を抱かず、公正な賢者、うやうやしい哲学者になろう。見かけだけそうしたり、ましてやそれをひけらかしたりしてはいけない。今日、哲学は信用されないが、それでも賢者はつねに哲学を追究している。

考える技術はかつての信望を失った。セネカ（古代ローマの哲学者）がローマに哲学を紹介したときは、しばらくの間、上流社会で好意的に迎えられたが、今では無意味なものと思われている。しかし、幻想を偽りと見破ることは、いつの世も賢者にとっての真の栄誉であり、高貴な心の真の喜びである。

見かけを良くする

III

ものごとは実態ではなく、見かけでまかり通る。中身を見る人はほとんどおらず、多くの人は外見にこだわる。

いくら正しいことをしても、嘘くさくよこしまに見えたらだめである。

良いときに悪いときの備えをする

良いときに悪いときの備えをしておこう。夏のうちに冬に備えて蓄えておくのは賢明なことであり、楽でもある。羽振りが良いときはみなに親切にされ、友人も増える。だから、運が傾いたときのためにそれを取っておこう。恵まれない時期にはあらゆるものが高くつき、助けてくれる人もいないからだ。

友人をつくり、たくさんの人に貸しをつくっておこう。いつか自分にとってだいじな人たちになる日が来るかもしれない。卑しい人間に友人はできない。羽振りが良いときには相手に気づかず、落ちぶれると相手のほうが気づいてくれないからである。

まわりの人の欠点に慣れる

人の欠点に慣れよう。依存関係にある相手の欠点は、避けられない。一緒にいられないようなひどい性格の相手と、一緒にいなくてはならないときもある。頭の良い人はそれに慣れる。そうすれば、急に必要にせまられたとき、無理やりがまんしながら一緒にいなくてすむ。最初はうんざりするが、次第に気にならなくなる。よく注意していれば、いやなことに対する心の準備ができ、耐えられる。

自分のことを話さない

自分を高める

III

自分のことをあまり話さないようにしよう。話せばおのずと自分をほめるか、けなすかになってしまう。自分をほめるのはうぬぼれだし、けなすのは卑屈である。みっともないし、聞く人も不愉快だ。ふだんの会話ならもちろん、公の場で話すならよりいっそう、こういったことは避けるべきである。そういう場で愚かに見えるということは、結局、愚かなのである。

その場に居合わせた人のことを話題にするのも、賢明ではない。お世辞か糾弾か、極端な話になってしまう危険があるからだ。

自分を信頼する

自分を信頼することを覚えよう。大きな危機のとき、大胆な心ほど心強い味方はいないが、その心がひるんだときは、全身の力をふりしぼって助けなければならない。自分の力を発揮できれば不安は消えていく。

不運に屈服するべきではない。屈服すれば不運は耐えがたいものになる。多くの人が苦境にあって自分を助けられずにおり、耐える術を知らないばかりに苦しさを倍増させている。自分の弱さを補う方法を知っている賢者は、すべてを克服し、星々の巡りすら変えてしまう。

百回成功するより
一回も失敗しないことを目指す

百回成功するより、一回も失敗しないことを目指そう。まばゆく輝く太陽は誰も正視できないが、日蝕になれば誰もが見つめることができ、あら探しの的になる。世間の人たちはうまくいったことは無視し、うまくいかなかったことを数え上げる。

悪意ある噂は賞賛よりも広まりやすく、多くの人は汚点を残してはじめて世に知られる。そして、そのたった一つの小さな汚点をぬぐい去ることはできない。だから、とにかく失敗は避けることだ。悪意ある人は成功には気づかなくても、失敗は決して見逃さない。

大げさなことを言わない

大げさなことは言わないようにしよう。事実をゆがめたり、理解力を疑われたりしないためにも、それは大切なことだ。誇張とは評価の垂れ流しであり、知識と趣味の狭さをさらすことにもなる。人は何かがほめられていると、強く好奇心をかきたてられ、それが欲しくなる。だが、値段に見合った価値がないとわかると(よくあることだが)、だまされたと感じて反抗し、ほめられたものとほめた人をおとしめて仕返しをする。

賢者は慎重だから、話にさじ加減を加えるときは、大げさに言うより、控えめに言うことを好む。世の中には並外れたものはめったにないので、評価は控えめにしておいてちょうどいい。大げさな話は一種の嘘である。良識を疑われたらさらにひどいことになる。

多くの人の前で考えを言わない

III

自分を高める

腹を割った議論は少人数で行い、大人数でやるのは表面的な話し合いだと思っておこう。大きな流れに逆らって泳いでいると、誤りを取り除くことができず、危険に陥りやすい。流れに逆らえるのはソクラテスだけだ。

人の意見に異を唱えると、非難したということで侮辱と見なされる。相手の屈辱感は、非難されたことに加え、非難に賛同する人が現れることで倍増する。真実は少数派に宿るが、低俗な誤りはあたりに溢れている。賢者は公の場で話したことで名を成すのではない。そこで語られるのは本心ではなく、愚かな大衆に合わせた話である。心の奥底では、口から出る言葉を強く否定しているかもしれない。賢者は極力、人の意見に反対しないようにし、自分も反対されないようにする。反対意見を持っていても、公表はしない。考えることは自由であり、力で変えさせることはできないし、変えさせるべきでもない。だから賢者は沈黙し、考えを公表するときは、ごくかぎられた人たちだけを相手にひっそりと行う。

確かな判断力を持つ

自分を高める

III

生まれながらにして賢明な人がいる。はじめから恵まれた素質を持って学び始めるから、すでに成功への道を半ばまで来ているも同然だ。歳を重ねて経験を積むにつれ、彼らの思考は成熟し、やがて確かな判断力を獲得する。彼らは判断を誤った方向に導くうわついたものをすべて嫌う。国政に関してはとくにそうである。それは、仕事の重要性から確かな判断力が求められるからだ。そのような人こそ、一国の舵《かじ》取りを任せるのにふさわしい。

価値あることで抜きんでる

何か価値あることで抜きんでた存在になろう。そういう人は非常に貴重である。何かしら傑出したところがなくては偉大な人物にはなりえない。目立つ役職で卓越した仕事をすれば、大衆のなかにあっても際立ち、選ばれた人たちに仲間入りできる。目立たない地位で優秀な仕事をしても、評価はほどほどでしかない。

楽に安住できる地位なら、その分、栄光にも縁がない。価値あることに抜きんでているのは王者の条件である。その条件をそなえていれば、賞賛がわきあがり、好意的に迎えられる。

Ⅳ

世の中を渡る

憎まれ役は人にやらせる

Ⅳ

自分のかわりに誰かを憎まれ役に仕立てよう。人の上に立つ人は、悪意から身を守る盾を持たなければならない。そういうことをすると、敵はこちらを無能な臆病者だと考えるだろうが、そうではない。別の誰かに不満分子の非難を受けさせ、多くの人に嫌われる役を押しつけるのには、高度な技術を要する。

何ごともうまくいくとか、誰もが満足するとかいうことはありえない。だから、あなたの自尊心が傷つくとしても、誰かに生け贄《にえ》としてそういった不運な役回りを受け持ってもらうのは仕方のないことなのである。

言い逃れの術を覚える

世の中を渡る

Ⅳ

言い逃れる術を知っておこう。賢人はそうやって難事を逃れる。どんなに複雑に入り組んだ迷路も、気の利いたセリフをうまく使って脱出する。深刻な口論も、特段何もしないのになぜか丸くおさめる。笑顔一つでまとめることもある。すぐれたリーダーはたいてい、この術をよく身につけている。

何かを断らなければならないときは、話題を変えてやんわりと気持ちを伝える。話が理解できないかのようにふるまうのも高度な智恵の証である。

悪口を言いふらさない

世の中を渡る

Ⅳ

悪口を言いふらしてはいけない。ましてや悪口屋として知られることなどあってはならない。悪口を言って機知に富んでいるところを見せようとするのは、非常に安易だし、嫌われる。被害に遭った多くの人が悪口を言い返して復讐するから、やがては多勢に無勢になって負けることになるだろう。邪悪なことを喜びとすべきではないし、話題としてもふさわしくない。

悪口を言う人は必ず嫌われる。たまに名士がそういう人と一緒にいることもあるが、それは彼の考えを評価しているからではなく、斜に構えた態度をおもしろがっているからにすぎない。人を悪く言う人は、必ずもっと悪く言われる。

陽気な性格を持つ

IV

世の中を渡る

陽気な性格を持ちたい。節度がともなっていれば、これは短所でなく長所である。陽気さがわずかでも場に加わると、あらゆるものが生き生きしてくる。偉大な人物も、ときおり楽しみの場に加わることで、いっそうみなに好かれるようになる。彼らはそのようなときも品位を保ち、慎みを忘れることはない。

冗談をうまく使えば、手っ取り早く窮地を脱することもできる。相手が真剣に言っているとわかっても、冗談として受け止めれば角が立たない。このような人当たりのよさは、多くの人をひきつける。

情報は注意して受け取る

世の中を渡る

Ⅳ

情報は注意して受け取ろう。私たちは、実際に見聞きしたものより、伝聞の情報によって生きている。人の言うことをあてにしているのだ。ところが耳は真実の裏門であり、嘘の玄関である。真実はふつう目で確かめるものであり、耳から入ってくることはまれだ。情報が本来の姿で耳に入ることはめったにない。出所が遠い場合はなおさらだ。情報には必ず通過してきた人たちのいろいろな感情が混ざっている。人の感情がふれた場所はみな、感情の色でうっすら染まる。好ましい色にもなれば、いやな色にもなる。情報はそうやって必ず誰かの意図を含んでいるから、注意して受け取らなければならない。ほめ言葉はもちろん、非難はいっそう注意して聞くべきだ。話の意図に注目すれば、相手の立場が予測できる。嘘や誇張がないか、じっくり考えよう。

新顔の立場を利用する

世の中を渡る

Ⅳ

新顔のときは、その立場を利用しよう。新顔のうちはだいじにあつかわれる。ものめずらしく、新鮮な印象を受けるので、誰からも喜ばれる。凡庸であっても、古参の優秀な人より評価される。どんな能力も使っていくうちに磨耗し、次第に古びていくものだが、新顔がちやほやされる時間はもっと短い。四日もすれば見向きもされなくなる。だから、人気者でいられる時間を最大限に活用し、見向きもされなくなる前にできることはすべてやってしまおう。

ちやほやされる時間が過ぎれば、浮かれた熱はおさまり、最初に受けた高い評価は苦いあと味を残して消えてしまう。何ごとにも旬があり、その期間はとても短い。

軽蔑は使いよう

世の中を渡る

IV

軽蔑は使いようである。欲しいものがあるとき、それを軽蔑してけなすと、手に入れやすくなることがある。たいていのものは、欲しいと思っているといると手に入らないのに、目を離していると懐に転がり込んでくる。この世の事物はすべて永遠不変の本質の影にすぎないので、あなたが追いかければ逃げるが、もしあなたが逃げれば追ってくるだろう。

また、軽蔑はもっとも巧妙な復讐の手段でもある。しかし賢者は決してペンを使って自己弁護してはいけない。書かれたものには必ずどこか汚点が残り、敵をこらしめるどころか、かえって利することになりかねないからだ。

敵を利用する

敵をうまく利用しよう。剣をつかむとき、刃をつかめば手が切れるが、柄をつかめば身を守ることができる。敵に対するときは、とくにそうである。愚者が友人を利用する以上に、賢者は敵を有効に利用する。敵意を持つ人は、ふつうなら立ち向かうこともできないような難関の山を突き崩す。敵を相手に苦戦することによって、偉大な人物になった人も多い。

危険なのは、敵意より、むしろお世辞である。敵意は汚点を糾弾して正してくれるが、お世辞は汚点を見えなくするからである。賢者は敵の悪意を信頼のおける鏡とする。親切の鏡より信頼できるし、そこに映った欠点は取り去るなり、改善するなりすればよい。身近なところに敵対意識や悪意が感じられれば、用心する習慣も身につく。

求められる水準が
高すぎるところには行かない

求められる水準があまりに高いところに行くのは要注意だ。前任者より必ずうまくやれるという自信がなければ、やめたほうがいい。前任者の二倍の仕事をこなしたとしても、やっと同等に見られるだけだ。前任者は後任が来たときに自分が惜しまれるよう、巧妙に手を打っている。だから、前任者が自分をかすませるような人物か、確認するのを忘れてはいけない。

過大な期待に応えるのは大変だ。過去はつねに良く見える。どうしても前任者のほうが有利だから、同等にやるだけでは充分でない。前任者の影響力を排除するには、いっそうの努力が求められる。

礼儀知らずな人間は
どこにでもいる

世の中を渡る

Ⅳ

礼儀知らずな人間はどこにでもいる。どんなにすぐれた家庭も例外ではない。自分の家庭で実感している人もいるかもしれない。生まれは高貴なのに荒っぽい人間というのもいて、これはさらにたちが悪い。ガラスの破片のようにありとあらゆる下品さを備え、危険でさえある。

愚かな考えを話し、お門違いな非難をし、無知の弟子であり、愚かさのパトロンであり、醜聞の権威である。彼らの言葉や考え方に耳を貸す必要はない。そういう礼儀知らずな人の仲間に加わらず、また、彼らに攻撃されるのを避けるには、相手をよく知っておくことが大切だ。愚か者はみな礼儀知らずであり、礼儀知らずなのは愚かさのせいである。

敵の出方を考えすぎない

IV 世の中を渡る

敵の行動を勝手に予測して、それに振り回されてはいけない。愚か者は、賢者が賢明だと考えることはしない。彼にはそれが最適な手段だということがわからないからだ。一方、思慮深い人も、すでに人が考えたり、実行したりした計画は選ばない。ものごとは、必ず反対側からも見てみることが大切だ。相反する二つの立場で考えなければいけない。

状況によって判断は変わる。どちらが正しいと決めつけず、何が起こるかより、何ができるかに目を向けてみよう。

自分の考えにこだわりすぎない

Ⅳ

世の中を渡る

自分の考えにこだわりすぎてはいけない。愚か者はみな自分の意見を頑固なまでに信じており、また、自分の意見を過度に確信している人はみな愚か者である。それが誤りであるほど、なおさらかたくなにこだわる。そういうときは、どんなに正しいことが明らかでも、こちらが折れたほうがいい。はたから見ればこちらの考えの根拠はわかるはずだし、礼儀正しく相手に譲ったことも覚えていてもらえる。頑固に自説にこだわれば、論争に勝って得るより多くのものを失う。

意志は固いほうがいいが、心まで固いのはよくない。ただ、譲れない例外が二つある。ものごとを判断するときと、それを実行するときである。

一回であきらめない

サイコロのひと振りに自分の名誉を賭けたりしてはいけない。失敗すれば、その損失は取り返しがつかない。一度ぐらいは誰でも負ける。とくに最初の一回は注意が必要だ。人間、いつもついているわけではない。だからこそ「誰にでも良いときがある」という言葉がある。必ず二回目の挑戦をしよう。一回目の結果が二回目にいかせるからだ。

種々の材料の中から、つねにより良い手段を選ぶことを心がけよう。あらゆるものごとは偶然から成り立っている。だからこそ満足いく結果はなかなか得られない。

相手の名誉を担保に取る

名誉を人にゆだねるときは、相手の名誉を担保に取っておくべきである。沈黙が互いの利益となり、秘密をもらせば互いに不利益がおよぶようにしておくのだ。互いの名誉がかかっていれば、双方が自分の名誉を守るために相手の名誉を尊重しなければならなくなる。

全面的に相手を信頼するのは避けたほうがいいが、そうせざるをえないときは、慎重に、というよりは充分警戒してあたるべきである。名誉を失う危険を共有してさえいれば、相手はあなたに不利になるようなことはできない。

自分に何が足りないかを知る

Ⅳ

自分に何が足りないかを把握しよう。この欠点さえなければ偉大な人なのに、という人は多い。そこが足りないばかりに、完璧になれずにいる。何かが少し良くなれば、目を見はるほど良くなると思われる人もいる。そういう人は、自分のことを真剣に考えておらず、自分のすぐれた能力をきちんと評価していない。

やさしさに欠ける人の場合は、周囲の人がすぐそれに気づく。とくに高い地位にある人の場合はそうだ。ものごとを整理できない人や、節度が欠けている人もいる。足りないものが何であれ、何が足りないかを慎重に把握すれば、それを新たに習慣化し、第二の天性とすることができる。

利口になりすぎない

IV 世の中を渡る

利口になりすぎてはいけない。利口であることより良識があることのほうが大切だ。鋭すぎる剣は刃先が曲がったりこぼれたりしやすいように、必要以上にものを知ると、かえって知性がなまくらになる。常識的な真実が一番確かだ。

ものを知るのは結構なことだが、つまらないあら探しをしてはいけない。長々と持論を展開したりすれば口論になる。目下の話題から離れない良識も持っていてほしいものだ。

愚かなふりをする

IV

世の中を渡る

愚かなふりが必要なときもある。賢人もときどきこの手を使う。一見すると愚かに見えることの中に、偉大な智恵を見出せることがある。わざわざ愚かになる必要はないが、愚か者をよそおってみるとよい。愚者とともにあって賢明でいたり、賢者とともにあって愚かだったりしても、ほとんど役に立たない。それぞれが自分の言葉で話すだけで終わるからである。

愚か者をよそおっている人は、本当は愚かではないので、愚かな行為に苦しまなければならない。才気煥発《かんぱつ》な愚か者というのがもしいたとしたら、それは愚かなふりではなく、真の愚か者である。それほどの才気を隠さないのは愚かだからである。人に好かれるには、愚かな動物の皮をかぶらなければならない。

嘲笑されてもやり返さない

世の中を渡る

Ⅳ

誰かに嘲笑されても耐え、嘲笑し返してはいけない。耐えるのは礼儀のようなものだし、やり返さないのはもめごとを避けるためである。おどけた冗談にむきになって食ってかかったりすると、野蛮な人間だと思われる。あからさまな嘲笑も明るく受け流してこらえれば、実力のほどを示せる。まともに受けていやな顔をすれば、まわりの人にもいやな思いをさせる。放っておくのが一番だ。自分まで愚か者になるのを避けるには、それが何より確実な方法である。

軽い冗談がもとで、きわめて深刻な事態に陥ることもある。機転を利かせて慎重に対応することが大切だ。冗談を言う前には、相手がどの程度受け入れる度量があるかをあらかじめ考えておくべきである。

最後までやりとげる

世の中を渡る

Ⅳ

何ごとも最後までやりとげよう。全力を注いで始めたことを、途中で放っておく人がいる。案は出すが実行はしない。こういうあいまいな態度の人たちが名声を得ることはないだろう。何ごとも最後までやらないからである。どれもこれも最初の段階で放り出したままなのだ。忍耐力がないせいでそうなる人もいる。

いやな仕事でないから受けたはずなのに、なぜ仕上げないのか。いやな仕事なら、なぜ引き受けたのか。賢者であれば、獲物を茂みから追い出しただけでは満足せず、最後まで仕とめるはずである。

逆さまに考えてみる

ときどきはものごとを逆さまに考えてみよう。決して反対意見を言わない人というのは、たいした人間ではない。反対意見を言わないのは、こちらへの好意というより、自分自身を愛しているからである。また、お世辞を言われていい気になってはいけない。礼を言う必要などなく、むしろ、とがめるべきである。逆に、批判されたら認められたと思っていいかもしれない。

ことに、良いものを悪く言う人の批判なら、喜ぶべきだ。逆に、自分のことを話して周囲が喜ぶようなら、少し考えたほうがいい。自分が話していることは相手にとって価値がないということだ。完璧なことを喜ぶ人はめったにいない。

聞かれるまで説明しない

誰かに聞かれるまでは、余計な説明をすべきではない。聞かれたとしても、必要以上にあれこれ弁明するのはばかげている。聞かれる前に言い訳をするのは、かえって罪があることを自白するようなものだ。健康体に輸血などすれば、痛くもない腹をさぐられることになりかねない。聞かれもしないのに言い訳をするのは、何も感じていない相手にわざわざ疑念を吹き込むようなものだ。

賢人は、相手の疑いに気づいてもそしらぬふりをする。余計な言い訳など始めれば、かえってもめごとを起こす。自信に満ちた行動で相手の疑念を払拭するのが一番だ。

V

品格を持つ

礼儀を身につける

V

礼儀正しくすることで名声を得よう。人に好かれることとうけあいだ。礼儀はすべての教養の中心であり、人に好かれるための魔法のようなものである。無作法な人は、それと同じくらい確実に、人に嫌われ反感を買う。うぬぼれや育ちの悪さから来る無作法は、軽蔑すべきものだ。礼儀は、足りないよりは過剰なほうがいい。だが、誰にでも同じように礼儀正しくするのは悪平等になる。

敵に対する礼儀正しい態度は、勇気の証であり、特別に価値がある。元手はほとんどいらないが、効果は絶大だ。どんな相手に対しても礼儀正しくふるまい、敬意を払えば、相手もあなたに礼儀正しく接し、敬意を払う。

無駄に大騒ぎしない

V

品格を持つ

無駄に大騒ぎしてはいけない。何ごともただの雑談に仕立てる人がいる一方で、何ごとにも大騒ぎする人がいる。ことを大げさに言い立て、何でも大真面目に受け取り、それを議論に持ち込んだり、こね回して問題をさらにややこしくしたりする。面倒な問題は、可能であれば真正面から取り組まないほうがいい。捨て置いてよいことを、やたらと気にするのはばかげたことだ。重要そうに見えても、たいていは放っておけば何でもなくなる。

逆に、大げさにあつかうことによって、何でもなかったものが重大にもなる。初めのうちなら簡単にかたづいたことが、あとになるとそうはいかなくなる。治療のための薬で病気になることも多い。ものごとを放っておけという教訓を軽んじてはいけない。

話と行動で差をつける

品格を持つ

V

話と行動で人と差をつけよう。そうすれば、他人に先んじて多くの地位を任され、敬意を勝ち取ることができる。人の優秀さは、話し方、外見など、すべて、さらには足どりにさえ表れる。人の心をつかめれば大いなる勝利だが、愚かな厚かましさや、もったいぶった話では、それは不可能だ。必要なのは、真の優秀さと卓越した才能を併せ持つことから生まれる、自信に満ちた話し方である。

あら探しをしない

V

人のあら探しをしてはいけない。人の悪評に関心を持ち始めたら落ち目のしるしだ。自分の汚点を人の汚点で目立たなくしよう、とにかく洗い流してしまおうという人がいる。人の汚点を慰めとする人もいる。そういうところに慰めを求めるのは愚か者である。街中の醜聞の下水道管のようなものだ。

醜聞をかぎ回るほど、自分も汚れる。どこにも汚点のない人などめったにいない。失敗が知られていないとしたら、それは単にその人が無名だからである。人の欠点をあげつらうものではない。それはとても不愉快で、心ない人がやることである。

欲望や欠点は隠す

品格を持つ

V

愚かな行為自体が愚かなのではない。愚かな行為を隠そうとしないことが愚かなのである。心の奥の欲望や、ましてや欠点は隠すべきである。失敗は誰にでもある。賢者はそれをひた隠しにするが、愚か者は自慢する。名声は、何を成しとげたかより、何を隠したかで決まる。きちんとした生活をしていないなら、用心しなくてはいけない。

太陽でさえも日蝕のときには陰るように、偉大な人にも失敗はある。だが、失敗の話は、友人相手であってもめったなことではしないほうがいい。できることなら自分自身からも隠すべきである。そこで、もう一つ大切な教訓がある。忘れることを学ぼう。

品格を大切にする

V 品格を持つ

何ごとにも品格を大切にしよう。品格は才能、言葉、行動の要であり、美点をより引き立てる飾りである。品格は、その人の思考にも表れる。多くの場合、品格は先天的なものであり、学んで得られることは少ないし、訓練して身につくものでもない。訓練や教訓にも勝る大切なものである。品格を備えていれば、安易なほうへと流されることなく、ものごとに固執しないのびのびした心境が得られる。また、問題を克服し、完璧さの総仕上げをすることができる。

品格がなくては美は精彩を欠き、やさしさも形ばかりとなる。品格は勇気、分別、賢明さ、王者の威厳にさえ勝る。何かを成しとげるための近道であり、困難からたやすく逃れる道でもある。

高潔さをだいじにする

V

品格を持つ

高潔さをだいじにしよう。それは紳士の条件であり、あらゆる意味で人を高貴にする。趣味を良くし、精神を高め、感情を純化し、気高さを増す。それによって人を高める。

幸運の女神が嫉妬でつれないときも、高潔さが不運を取り除いてくれることがある。高潔さは、たとえ行動で示せないときも、意志の中に存分にはたらく場を見出す。度量が大きいこと、寛大であることなど、英雄的な資質の源はみな、高潔さにある。

威厳を保つ

品格を持つ

V

威厳を保とう。人のふるまいには、それぞれにふさわしい格がある。たとえ王でなくとも王に値する人となり、王にも引けをとらない行動を心がけよう。気高いふるまい、高潔な考え、王のような権力はなくても、少なくとも真価については、すべてにおいて王のようであろう。なぜなら、王の器とは、一点のくもりもない公正さにあるのであって、自分が偉大さの見本になれるのであればうらやむ必要はないからである。

とくにもう少しで心の王となれる人は、真に卓越した存在になるため、もったいぶったふるまいをするよりも、王としての真の資質、真の威厳を得るよう努めるべきだ。

退屈な話をしない

退屈な話をしてはいけない。一つの行動、一つの話題にばかりこだわると、退屈な人間になりがちだ。簡潔に話すと、中身以上によく聞こえ、より効果的である。少々そっけなくても礼儀正しさで補えばいい。良い内容を簡潔に話すと、さらに良く聞こえる。ものごとの本質のみを伝えれば、こまごました情報をたくさんかき集めて話すよりもよく伝わる。

話題が処世術であっても、状況分析であっても、おしゃべりな人が賢明であることはまれである。話の中心に入れず、どこへ行っても邪魔者あつかいされてしまう人もいる。賢者は退屈な話をしないよう心がけている。とくに相手が忙しい大物であればなおさらだ。そのような相手の心証を害すると、その他全員を退屈させるより高くつく。うまい話とは、すなわち短い話なのだ。

地位をひけらかさない

地位をひけらかすのはやめよう。地位の自慢は、性格の自慢より反感を買いやすい。嫉妬の的になるだけでもたくさんなのに、重要人物を気どったりすれば、嫌われる。尊敬されようとあがくほど、尊敬されなくなる。尊敬されるかどうかは人の意見次第だからだ。自分一人ではどうにもならないもので、人びとから勝ち取らなければならない。

重要な地位を務めるには、それにふさわしく権力を行使する必要もある。そうでなければその地位は務まらない。だから、高い地位を務めるためには、それ相応の威厳が必要である。人に尊敬を強要することなく、自然と尊敬されるように努めよう。

やるだけでなく
やっていることを見せる

V
品格を持つ

やるだけでなく、やっていることを見せよう。ものごとは、それが何であるかより、どう見えるかで決まる。有能であり、なおかつ有能に見せる方法を知っていれば、その人はふつうの倍有能だということになる。

見かけがそう見えなければ、中身もそうでないのと同じだ。正義でさえ、正義に見えなければ、それにふさわしい敬意は受けられない。きちんと見抜ける人は、見かけでだまされる人よりずっと少ない。

ごまかしがまかり通り、ものごとは見かけで判断され、しかも、多くのものは見かけとは違う。だから、完璧な中身を持っているなら、見かけもよくするのが賢いやり方というものだ。

高潔な心を持つ

1944—1955

V 品格を持つ

卓越した精神、高潔さは、気高い行動をうながし、あなたに品格を与える。きわめて大きな度量を必要とするので、頻繁には見られない。このような人たちの主な特質は、敵をほめること、そして敵に対しても親切であることだ。その特質がもっとも輝くのは、復讐の機会が到来したときである。その機会を見送り、相手の予期せぬ寛大さを見せる場として、完全な勝利を利用するのだ。みごとな知略、政治術の極みである。

高潔な感情を持つ人は、ことさらに勝利を主張することはない。彼らは何ごとも不当に要求したりしない。すぐれたところを隠し、自分にふさわしいものだけを得る。

まわりの人に合わせる

1966—1977

品格を持つ

V

世界中の人がみなおかしくなったら、一人で正気でいるより、まわりに合わせたほうがいい。政治家たちはそう言う。みながおかしくなったのなら、多勢に無勢で一人で正気であり続けることは愚かだと見なされる。だいじなのは流れに乗ることだ。無知か、あるいは無知を装うのが、一番の智恵である。人は人とともに生きなければならないが、多くの人は無知である。

「孤独に生きられるのは、神と野生の獣だけ」という格言がある。だが、私はそれを「孤独な愚者となるより、多数派とともにある賢者たれ」と変えたい。

頼みの綱を二つ持つ

1988—1999

V

頼みの綱を二つ用意しておこう。そうすれば人生が二倍になる。どんなにすぐれたものでも、たった一つの頼みの綱だけを当てにしてはいけない。何ごとにも予備を用意すべきだ。ことに成功や、人から受ける好意、評価のもととなるものについてはそうである。人間の意志は、ありとあらゆるものの中で、もっとももろい。このもろさから身を守るのは賢者の務めである。そのためにもっとも重要なのは、有用なものを何でも二つずつ持っておくことである。

自然はもっとも大切な手足や、危険にさらされやすい器官を二つずつ与えてくれた。人間も成功のために必要なものを二つずつ用意しておくべきである。

自分を中心にすえる

2000—2001

自分をものごとの中心にすえて考えてみよう。そうすると世の中の動向を感じ取ることができる。多くの人は議論の無用な枝葉や、退屈なおしゃべりという茂みのせいで、自分の道を見失い、問題の本質に気づかない。同じことを何度も検討し直し、自分にも他人にもうんざりしているが、中心にある重要な問題には何一つ手をつけていない。これは心が混乱しているせいなのだが、彼らは自分自身を混乱した心から解放できない。放っておくべき問題に時間と忍耐を奪われて、あとに残った大切な問題に使う時間がなくなってしまう。

一人で生きられる

賢者は一人で生きることができる。必要なものはすべて自分に備わっている。

自分の知性より明晰なものはなく、自分の趣味より洗練されたものはないという場合、そのような人間は誰を求めるべきであろうか。自分自身のみを頼むしかない。それは最高の幸福であり、神のような状態といえる。一人で生きられる人は、野生の獣とはまったく違い、かなりの部分で賢者に、すべてにおいて神に似ている。

自分の話に聞きほれない

自分の話に聞きほれてはいけない。人を喜ばせずに、自分を喜ばせても何の益もない。自己満足に陥れば、みなに軽蔑される。あなたが自分に向けている関心は、本来聞き手に向けるべきものである。

話しながら自分の声を聞いていて、うまくいくわけがない。独り言を言うのもばかげたことだが、人を相手に話しているのに自分の話を聞くのは、さらにばかげている。

最初は譲り、最後に勝つ

最初は相手に譲り、最後に目標を達成すればよい。それが目標達成の手段だ。敬虔なキリスト教徒が神聖な問題をあつかう場合も、この聖なる悪智恵を重んじている。

だいじなのは、最初は譲ると見せかけることである。最初におとりの餌《えさ》を見せて相手を引き寄せる。そして、相手の関心事を着々と進めているように見せながら、実のところは自分の利益につなげるのである。隠密裏にことを運ばなければ、人に先んじることはできない。とくに地盤が危険なときはそうである。また、どんな頼みでも断る人を相手にするときは、こちらの本心は隠し、相手が承諾しやすいような形で話をもちかけると効果がある。

ものごとの内側を見る

V

品格を持つ

ものごとの内側を見るようにしよう。何ごとも見かけとは違うのがふつうだから、外側しか見たことがない無知な相手は、中身を見ると幻滅する。最初に見えるのは必ず嘘であり、その救いようのない俗悪さで愚か者をとらえて引きずりまわす。

真実はいつも最後で、時とともにゆっくり姿を現す。母なる自然は賢明にも私たちに耳を二つ与えてくれたが、賢者は片耳を真実を聞くためにとっておく。ごまかしはとても表面的なものだからすぐにわかる。思慮はひっそりと奥に隠れていて、そこを訪れるのは賢者だけである。

あやしげなことには手を出さない

あやしげなことには手を出すべきではない。まして、悪評をもたらす風潮とはできるだけかかわらないことだ。世の中にはいろいろあやしげな団体があるが、賢者はそういうものとは距離を置く。奇妙な趣味の人たちは、賢者が決して認めないようなものにばかりこだわる。風変わりなものを愛で、それで有名になることもあるが、それは決して良い評判ではなく、あざけりの対象とされるだけのことである。

慎重な人は、智恵を追求していることさえ明かさない。まして、自分や自分の部下が嘲笑されるような場合はそうだ。そういうことを、いちいち言う必要はない。すでに世間の軽蔑の対象として特定されているからである。

不運を避ける

V

幸運を選び、不運を避けよう。不運はたいてい愚かさの罰として与えられる。不運ほど伝染しやすいものはない。どんなに小さな災いにも決して扉を開いてはいけない。必ずもっと大きな災いが忍び込んでくる。勝負ごとでもっとも重要なのは、カードの捨てどきを見きわめることである。

今、もっとも価値のないカードが、前のゲームのエース以上の価値を持つ。判断がつかないときは、賢者のまねをすることだ。そうすれば、遅かれ早かれ幸運がめぐってくるだろう。

親切を心がける

V

品格を持つ

親切だと思われるようにしよう。親切にすることは、上に立つ人にとってもっとも名誉なことであり、みなに愛されるための特権である。彼らには、ふつうの人よりたくさん良いことができるという大きな利点がある。

親切にふるまう人にはおのずと友人ができる。一方、親切はするまいとかたくなに決め込んでいるかのような人もいる。人づきあいが苦手だからというのではなく、単に性格が悪いからである。そういう人は、何から何まで親切な人とは正反対で、意地悪なものだ。

愚かさに耐える

愚かさに耐えられるようになろう。賢者は愚かさに耐えられない。知識が増えるほど、愚か者に我慢ならなくなる。膨大な知識を持つ賢者の眼鏡にかなうものはめったにない。だが、古代ギリシャの哲学者エピクテトスによると、人生でもっとも大切なのは、我慢をすることだ。彼はこれを重んじて、その他すべての智恵の半分と同等とした。

ありとあらゆる愚かさを我慢するには、とてつもない忍耐力が必要だ。自分が一番頼りにしている人が愚かで、どうしてもそれに耐えなければならないことも多い。これは自己管理を学ぶうえで非常に有益な教えだ。我慢することから平和は生まれる。平和はかけがえのない恵みであり、世界の幸福である。忍耐力のない人は自分の殻に閉じこもらせるとよい。そうすれば自分自身に耐えざるをえなくなるであろう。

風向きを確かめる

ものごとがどのように受け止められるかを事前に調査し、風向きを確かめよう。とくに頼みごとを断りそうな相手や、約束を守ってくれるかどうかわからない相手の動向をよく見きわめよう。そうすれば成功を確信できるし、本格的に取り組むか、場合によっては完全に撤退するかを選ぶこともできる。

こうして人々の意向を探ることで、賢者は自分のよって立つ基盤を知る。何かを頼んだり、手に入れたり、統治したりしようと思ったときは、風向きを確かめて見通しを立てるといい。

名誉ある戦いをする

V
品格を持つ

戦うならば、名誉ある戦いをしよう。戦わざるをえないときも、毒矢は使うべきではない。人はみな、他人の望みにしたがうのでなく、自分らしくあるべきだ。命をかけた戦いにおける気高さは、万人の賞賛を得る。人は勝つために戦うべきだが、その際、武力だけでなく、手段も大切だ。卑劣な手段による勝利は、名誉どころか不名誉である。名誉はつねに勝つ。

名誉ある人は、禁じられた武器は決して使わない。友人と憎み合って袂を分かった場合も、かつての信頼を復讐に利用してはならない。ほんの小さな裏切りも、名声の大きな汚点となる。名誉ある人々にとっては、ごくわずかな卑劣さの気配さえ許されない。高貴さと卑劣さの間には大きな隔たりがある。たとえ世の中の気高さ、寛大さ、忠誠が途絶えても、それぞれの心の中に、それらを再発見できれば、それは誇るべきことだ。

Ⅵ

信頼される

良識ある人に評価される

VI

信頼される

良識ある人に評価されるようになろう。不承不承の評価でも、傑出した人物から得たものならば、低俗な人の絶賛に勝る。有象無象のひと言のつぶやきでもいいからと、とにかくほめ言葉で腹を満たそうとする人がいるが、低俗な人に絶賛されても、それは実体のない無価値なくずのようなものであり、喜ぶことはできない。その点、賢者は何もかも理解したうえで評価してくれるから、賞賛されれば末永くそれを誇りとすることができる。

賢明なマケドニア王、アンティゴノス二世ゴナタスは、ストア派の祖、ゼノンから評価されることのみを望んだ。プラトンはアリストテレスを自分の学派のすべてだと考えていた。王さえも賢者の賞賛を求め、不器量な女性が画家の筆を恐れる以上に、賢者のペンを恐れる。

姿を消して自分の価値を再認識してもらう

信頼される

VI

いっとき姿を消し、自分の価値を再認識してもらおう。その場に慣れすぎて新鮮味がなくなり、飽きられてきたら、少しの間いなくなってみると評判が復活する。目の前にいるときは巨体を嘲笑される人も、いなくなってみると、あの人はライオンのように風格があると尊敬されることがある。才能は使い古されると手垢にまみれて輝きがにぶるが、人間はふつう、皮に包まれている種子のすばらしさより、皮ばかりに目が行きがちだ。だが、心の目を使えば、より遠くまで見通すことができる。

嘘はたいてい耳から入り、心の目によって暴かれる。姿を消すことで評判が保たれれば、その人はみなの関心の中心に居続けることができる。不死鳥でさえ、復活を待望されたうえで華々しく再出発するために、いっとき姿を隠すのだ。

動揺しない

VI

信頼される

動揺して自分を見失ってはいけない。賢者はどんなときも決して動じないよう心がけているものだ。いつも落ち着きはらっていれば、中身のある人間であり、気高く潔い心の持ち主であると見なされる。余裕があれば少々のことでぐらつくことはない。

感情が抑えられなくなるのはあなたの心が不安定だからで、それが度を越えると正しい判断ができなくなる。そうした抑えることのできない感情が言葉となって口からあふれ出てしまえば、あなたの立場は危うくなる。

つねに自分の感情を余裕をもって抑えられるようになりたいものだ。どんなに幸運なときも、逆境にあるときも、冷静さを失って自分の評判を傷つけるようなことがあってはならない。

勤勉かつ知的である

信頼される

Ⅵ

勤勉、かつ知的であれ。勤勉であれば、知性で慎重に考え抜いたことをすぐに実行できる。あわてるのは愚か者のすることだ。愚か者は目的も理解せず、準備もないままに仕事に取りかかる。一方、賢者はむしろ、ぐずぐずしすぎて失敗する。

先のことを考えすぎて慎重になり、行動の遅れでせっかくの迅速な判断も無になる。速さは幸運の母である。多くの仕事をこなす人は、翌日に仕事を残さない。「ゆっくり急げ」というのはすばらしい金言だ。

いつでも動けるようにしておく

信頼される

VI

急なできごとにも動じないようにしよう。そのためには、つねに心の準備がきちんとできていなくてはならない。いつもすぐ動けるようにしておけば、突然、危険に出くわしても恐れることはない。よくよく考えた挙句に失敗することも多いが、直感で動いてうまくいくこともある。

不思議なことに、ここぞという緊急時に一番能力が発揮できる人もいる。行き当たりばったりのときはうまく対応できるのに、考え抜いてやることはどれも失敗してしまうのだ。そういう人にとっては、まだ起こっていない先のことを考えても無駄である。迅速に対応すれば賞賛される。それは鋭い判断力、冷静な対処力という、すぐれた能力の証だからだ。

ゆっくり確実に取り組む

VI

信頼される

ゆっくり確実に取り組もう。きちんと仕上げることを最優先すべきだ。早いだけのやっつけ仕事は、それだけ早くだめになる。長く残るものを仕上げるには、それなりの時間が必要だ。重要なのは仕上がりの良さである。良く仕上がったものだけが残っていく。深い知性は大切だが、それだけでは末永く残る仕事はできない。価値あるものを得るには、それ相応の代償がいる。だから、貴金属はとても重いのだ。

偉い人の欠点を見逃さない

VI

偉い人の悪いところを見逃してはならない。どんなに美しい衣装をまとっていても、たとえ金の王冠をいただいていても、所詮、悪い本性を隠すことはできない。だが、偉大な人物が大きな欠点を抱えていても、世間の人は悪く思わない。

偉大な人としてあがめられる姿はもっともらしく、彼らは悪いことを美しい衣でおおい隠す。お世辞屋はそれにすっかりだまされ、彼らが衣に隠しているものが、もし一般の人が持っていたら忌み嫌われる悪徳だということに気づかない。

あらゆることに慰めを見出す

VI

信頼される

あらゆることに慰めを見出そう。もっとも無能な人でさえ、この教訓を不滅と思うであろう。どんな難点にも埋め合わせをするものはある。愚か者は幸運と相場が決まっているし、容姿に恵まれない女も幸運ということになっている。つまらない人間になれば長生きできる。欠けたグラスはそれ以上割れず、長持ちして持ち主を困らせる。

幸運がすぐれたものを嫉妬し、役に立たない人は長生きさせ、重要な人は短命にして、帳尻を合わせているかのようだ。重責を担う人はすぐに苦境に陥り、追うべきものが何もない人はのうのうと生き延びる。そう見えるだけのこともあろうし、本当にそうであることもあるだろう。

最後は秘密にする

最後の部分はつねに秘密にしておこう。

人はつねに何かに秀で、何かの師でなくてはならない。自分が得た技術をうまく伝えるのが使命だ。だが、知識や技術の出どころについて教える必要はない。そうすれば、いつまでも人から尊敬され、頼りにされる。人を楽しませたり、教えたりするときに大切なのは、こちらの知識や技術の完成度を高めつつ、相手の期待を継続して引きつけていくことだ。話さない部分を残しておくことこそ、人生における成功のための教訓である。とくに地位の高い人は心しておくことだ。

過ちを重ねない

242—243

VI

信頼される

過ちを重ねてはいけない。一つの過ちを取りつくろうために過ちを重ねてしまうのは、よくあることである。愚かな行為は嘘の親戚か双子だといっていい。どちらも、一つを守るためにいくつも必要になるからだ。最悪の場合、最初の過ちと矛盾することをしなければならなくなったり、もっと悪ければ、最初の過ちを隠しおおせなくなったりする。

積み重なった過ちのもとになっているのは、最初の過ちへの負い目である。賢者も過ちを犯すことはあるが、うっかりしてやるのであって、わざとではない。そして、二度とくりかえさない。

本心を明かさない相手に注意する

VI

本心を明かさない相手に注意しよう。相手を攻撃するのではなく、負けたふりをして油断させよう。相手は勝ちたいという欲望をつねに隠している。いずれは先頭に立つために今は二番手に甘んじている。誰も気づかなければ、この方法はめったに失敗することはない。相手が虎視眈々とこちらを狙っているのだから、ゆめゆめ油断してはならない。

相手が譲歩してきたときも要注意だ。わざわざ二番手に座りたがる人がいたら、相手の策略を見破るために、あえて先頭に立って見せよう。賢者はそのような策略を見破り、相手が真の目的を隠すために偽装していると気づく。そういう狡猾な相手は、目当てのものを手に入れるために別のものを狙い、途中でくるりと向きを変え、本来の目的を果たそうと考えている。ときには、こちらが気づいていることを相手に知らせ、釘をさしておくのもいいだろう。

自分も人も
困るようなことをしない

信頼される

VI

自分も人も困るようなことをしてはいけない。周囲の人の尊厳を傷つけ、自分の品位も落とすようなことをする人がいる。彼らはつねに愚かさに片足をつっこんでいるようなものだ。こういう人とは頻繁に出会うが、別れるときにはもう、いやな気持ちになっている。

彼らは一日に百回、人をいやな気持ちにさせても何とも思っていない。何にでも反対し、人の気持ちを逆なでする。何ごとも悪く解釈し、すべてを批判する。良いことは何もせず、悪口ばかり言っているこういう人たちにまわりの人たちはただ耐えるしかない。広大な王国には、こういう無作法なとんでもない人たちがうようよいる。

自分の一番の欠点を知る

信頼される

VI

自分の一番の欠点を知っておこう。誰でも一番の長所の反対側には一番の欠点がある。それは欲望を養分として、暴君に育つこともある。思慮深さを味方につけて、その欠点に戦いを挑もう。まず、欠点を明確に把握すること。明確に把握すれば欠点は克服しやすい。

とくに悩んでいる本人が、第三者の目で見ることができれば効果的である。きちんと自己管理するには、まずは自分を知らなければならない。一番大きな欠点を克服できれば、ほかの欠点も克服できるのだ。

Ⅶ

良い仕事をする

人に尊敬される仕事を選ぶ

252—253

良い仕事をする

Ⅶ

名誉ある仕事を選ぼう。評価されて初めて人間は成長できる。結局は、人をどれだけ感心させられるかだ。広く評価される仕事がある一方で、それよりもっと重要なのに評価を受けない仕事もある。前者は人目につくので万人に愛されるが、後者は立派で価値ある仕事でありながら、人目をひかないため、尊敬されはしても賞賛されることはない。

数ある王の中にあって、もっとも高い名声を得るのは、征服者、勝者となった王たちである。自国の領土を広げた王たちは賞賛される。有能な人は、有名かつ人の役に立つ、名誉ある仕事を望む。そして、多くの人の支持されて、不朽の名声を得るのだ。

部下に難しい仕事を与えよう

Ⅶ

部下に難しい仕事を与えよう。困難に直面したときこそ、能力を発揮するものだ。溺れる恐怖があって初めて、人は泳げるようになる。多くの人はそうやって自分の勇気、知識、機知を発見した。やってみようという気を起こさなければ、それらの力はずっと埋もれたままになっていたはずだ。逆境こそ名声を確かなものとするチャンスである。高貴な精神の持ち主なら、名誉がかかっていると思えば一騎当千のはたらきを見せるだろう。

このことをよく心得ていたイザベル一世が、賢明にも試練を与えたおかげで、偉大なる将軍ゴンサロ・フェルナンデス・デ・コルドバは名声をとどろかせたし、ほかの多くの人たちも不朽の名声を得た。この教訓により、女王は偉大な人物を数多く育てている。

良い補佐役を使う

Ⅶ

良い仕事をする

良い補佐役を使おう。わざと悪い補佐役を使って自分の切れ者ぶりを見せようとする人がいるが、これは危険な自己満足で、重罪に値する。大臣がすばらしいからといって王のすばらしさが損なわれることはない。あらゆる偉業の栄光は主演俳優のものになるが、同時にあらゆる非難も彼に帰す。名声はつねに主役のものになる。

世の人は決して、「この人の部下はいい」「あそこの部下はだめだ」とは言わない。「この人は優秀だ」「あの人はだめだ」と言うだけだ。だから、補佐役はよく吟味して選ぼう。不滅の名声を得られるかどうかは、彼らにかかっている。

目標とする英雄を選ぶ

Ⅶ

目標とする英雄を一人選ぼう。まねするのではなく、張り合うくらいの気持ちを持ちたいものだ。英雄は偉大さの見本であり、名誉の生きた教科書である。だから、すべての人は、自分がたずさわる分野の第一人者を手本に選ぶとよい。あとにつきしたがうためでなく、自分を鼓舞するためにである。

アレクサンドロス大王がアキレウスの墓前で泣いたのは、アキレウスを偲んでのことではなく、自分の名声がいまだアキレウスほど世にあまねく知れわたっていないと嘆いたからである。人の名声が高らかに響き渡ることほど、野心を呼びさまされるものはない。羨望をかきたてられる一方で、寛大な精神も養われるのだ。

ふざけてばかりいない

いつもふざけてばかりではいけない。智恵は真剣なものごとに表れ、単なる機知より尊ばれる。いつも冗談ばかり考えていると、真面目なことに対応できない。

おどけ者は嘘つきに似ている。嘘つきは嘘を、おどけ者は冗談を言うものと思われているから、誰にも信じてもらえない。たとえ本人がきちんと判断して話していても、それとわかってもらえない。見かけは冗談を話しているときと一緒だからだ。だから、冗談ばかり言っていると、誰からもそっぽを向かれる。機知に富んだ人だと評判になっても、良識ある人だという信用を失っては何もならない。冗談はそのときに受けるだけだが、真面目さは先々ずっと評価されるのだ。

みながほめているものを
一人で批判しない

Ⅶ

みながほめているものを一人で批判しないほうがいい。多くの人を喜ばせるからには、どこかしら良いところがあるに違いない。たとえ説明がつかないことでも、現実に楽しんでいる人がいるのである。

人と違うことをすれば必ず嫌われるし、悪くすると笑いものになる。批判は聞き入れてもらえず、むしろあなたの趣味が疑われ、結局は、趣味の悪い人と思われてしまう。ほめられるところが見つけられなくても、とりあえずそのことは伏せておき、安易にけなしたりしないことだ。たいていの場合、趣味の悪さは知識不足から来る。みなが良いと言うものは本当に良いか、またその可能性が高いのだろう。

ものごとを限界まで放置しない

良い仕事をする

Ⅶ

ものごとを限界まで放置するのはやめよう。必ず評判に傷がつく。友人はみな重要とはかぎらないが、敵はみな重要だ。良いことは誰もができるわけではないが、傷つけることはほとんど誰でもできるからである。隠れた敵は、堂々と名乗った敵を利用して炎をかきたて、自分は待ち伏せをしてチャンスをうかがっている。

相手があなたが怒らせた友人なら、もっとも手ごわい敵となるだろう。彼は自分の失敗をあなたのせいにする。つねに私たちを批判して、最初は先見の明が足りない、軽率だ、と言い、最後には忍耐力が足りない、とけなし続ける。どうしても袂を分かたねばならないのなら、怒鳴り合いのけんかより、友情のうちに自然消滅するほうがいい。これは良い引き際について述べた教訓の応用でもある。

ともに困難を背負ってくれる相手を見つける

良い仕事をする

Ⅶ

ともに困難を背負ってくれる相手を見つけよう。そうすれば、たとえ危険にさらされていても孤独ではなく、憎しみという重たい荷物を一人で負わずにすむ。高い地位の人の中には、成功の栄誉はすべて自分のものにできると思っている人がいるが、よく考えてほしい。同時に敗北の屈辱も一身に背負わなければならないのである。

一人では大目に見てくれる人もいなければ、ともに責めを負ってくれる人もいない。だが、運も大衆も相手が二人となると、そう手ひどいことはしない。重荷も悲しみも分かち合うことだ。一人でいると二倍の勢いで不運が降ってくる。

相手の敵意を好意に変える

Ⅶ

相手の敵意を感じたら、侮辱される前に先回りして親切にしておこう。侮辱されたあとでやり返すより、侮辱を避けるほうが賢明だ。

競争相手を親友に変え、襲いかかろうとしていた人を自分の名誉を守ってくれるようにするには、類まれな智恵を要する。そのためには、人に親切にして、恩義を感じさせる方法を知っておくことだ。相手は感謝の気持ちでいっぱいになり、侮辱する気をなくすだろう。敵対関係から信頼できる人間関係をつくり出すのである。心配ごとを喜びに変えるのが、真の社交術なのだ。

相手のためだけに生きることはできない

完全に他人のために生きることはできないし、誰かが完全にあなたのために生きてくれることもない。親戚、友人、どんなに親しい関係でも、それはありえない。相手を思いやることは、相手に自分のすべてをさらけ出すことでは断じてない。どんなに親しい仲であっても、何もかも相手のためというわけにはいかない。そんなことをしたら逆に友情が壊れてしまう。

どんな友人にも必ず一つは秘密がある。息子でさえ父親に話さないことがある。ある友人に話したことを別の友人には隠し、ある友人に秘密にしたことを別の友人に告白するということもある。そうすると、すべてを打ち明けながら、同時に、すべてを打ち明けていないことになる。相手を見ながら、話すか隠すか決めていくとよい。

忘れられることは忘れる

Ⅶ

忘れられることは忘れよう。処世術ではないが、これができれば幸運である。人が一番よく覚えているのは、忘れたほうがいいことである。記憶というものは思いどおりにははたらいてはくれない。一番必要としているときに無視するかと思えば、お呼びでないときに愚かにも鼻をつっこんできたりする。つらいできごとのときははりきり、楽しいできごとのときは怠ける。

やっかいなことに不幸なできごとがあったとき、忘れることでしか対処できないことはとても多い。だが、私たちは不幸なできごとはなかなか頭から離れないのに、その方法だけを忘れてしまう。人は記憶をうまく使う習慣を身につけるべきである。この世を天国にするも、地獄にするも、記憶次第である。

Ⅷ

良い人生を過ごす

知識と良い目的を持つ

Ⅷ

知識と良い目的、この両方を備えていれば、成功が長続きすることは間違いない。邪悪な目的は、どんなに完璧なものもだめにする。すぐれた知性もよこしまで悪い目的と結びつけば、必ず邪悪な怪物となる。知識の力まで加わると、もう手がつけられない。

いくらすぐれていても、下劣なものは破滅を迎えるしかない。良識のない知識はきわめて愚かなものである。

穏やかに長生きする

良い人生を過ごす

Ⅷ

長生きをするためには穏やかに生きることだ。穏やかに生きていくためには、人の人生に干渉しないようにすればいい。穏やかな人は、ただ生きるだけでなく、人生を自分のものにする。聞きもするし、見もするが、沈黙を守る。言い争いをしないので、夜はぐっすり眠れる。長く楽しい人生を送るということは二回生きたといってもいいだろう。それは平和の賜物である。そういう人は満ち足りているので、自分に関係ないことにはまったく関知しない。

何でもやたらと気にすることほど、ばかばかしいことはない。自分に関係ないことで心を悩ませるのは、自分に関係あるだいじなことに無関心なのと同じくらい、愚かなことなのである。

人に愛される

良い人生を過ごす

Ⅷ

人に愛されるようになろう。多くの人から賞賛されるのはすばらしいことだが、多くの人から愛されるのはもっとすばらしい。それは生来の性質次第ということもあるが、日頃の習慣も大切だ。生来の性質は基礎であり、日頃の習慣はその上に築き上げられる建物だ。天から与えられたものは不可欠だが、それだけでは足りないのだ。すぐれた人物だと評価されるようになれば、好意も得やすい。相手を親切な気持ちにするには、まず、こちらが親切をすることだ。行動で、言葉で、良いことを実践しよう。こちらが愛せば、愛してもらえる。

親切な行為は、賢く使えば魔法のような効果を発揮する。まずは行動することだ。記録するのはあとでいい。

豊かな知識をたくわえる

VIII

豊かな知識をたくわえよう。賢者は趣味の良い洗練された深い学識を備えている。低俗な噂話ではなく、世の中の動きについての実用的で専門的な知識を持っている。智恵と機知に富む格言を豊富に知っており、ふるまいは気高く、どんなときにどう話し、どうふるまうべきかをよく心得ている。私たちは、真面目な教訓より冗談から学ぶことも多い。会話から得た知識は、基礎的な学問よりもためになるのだ。

空想を手なずける

284—285

空想を自在にあやつろう。ときに応じて抑えたり、持ち上げたりしなければいけない。理性とつりあいをとり、私たちが幸福でいるために大変重要なものだからだ。空想はまるで独裁者のように人間を支配することがあり、しばしば生活をも乗っ取る。幸せにすることもあれば、重荷を課すこともある。それで自分に満足する人もいれば、不満を感じる人もいる。

ー延々と苦行を課し、愚か者の鞭となることもある。おめでたい妄想に満ちた幸福と冒険を約束される人もいる。きわめて慎重に手なずけないと、空想には善きにつけ悪しきにつけこれだけのことが可能なのである。

自分を知る

Ⅷ

自分のことをよく知っておこう。自分の素質、能力、考え方、好みを把握しておくべきだ。自分のことを知らなければ自己管理もできない。顔を映す鏡はあるが、心を映す鏡はない。だから自分のことをよく考えなければいけない。

外見にかまうのを忘れても、中身を改善し、完璧を目指すことを怠ってはならない。自分の知性と能力を知り、勇気の力を試してみよう。そうすれば、あなたの根っこの部分が安定し、何に対しても頭を明晰に保つことができる。

他人の良いところを見つける

良い人生を過ごす

Ⅷ

他人の良いところを見つけて評価しよう。どんな相手からでも何かしら学ぶところがある。また、これ以上学ばなくていいほどすぐれた人もいない。賢者はどんな人でも高く評価し、それぞれの人の良いところを見つける。どんなことであれ、何かを成しとげるのは大変なことだと知っているからである。一方、愚か者は人の良いところに気づかず、悪いところばかりを選び出して、どんな相手もばかにする。

自分の幸運の星を知る

良い人生を過ごす

VIII

自分の幸運の星を知っておこう。もし、運が悪いとしたら、それは幸運の星を知らないからである。権力者の恵みを受け出世する人がいるが、それは幸運の女神が少しずつ恵みを与えていると考えるほかはない。あとは彼らが少しばかり努力して、幸運を育てていけばいいのだ。賢者に気に入られる人もいる。同じ人間が別の国で厚遇されたり、別の街で歓迎されたりすることもある。仕事や地位が変わったら、幸運が見つかったということもある。当人の能力はまったく変わらないのに、こういうことが起こるのだ。幸運の女神は、気が向いたときに好きなようにカードを切るからである。だから、人はみな、自分の才能を把握するのと同様に、自分の運についても知っておくべきである。勝負はそれで決まる。自分を導く幸運の星にしたがい、その星のはたらきを助ける努力をしよう。ただし、ほかの星と見間違ってはいけない。行くべき方角を誤ることになるからだ。しかし、そうなれば北極星が雷のような声で誤りを教えてくれることだろう。

夢を残しておく

Ⅷ

夢を残しておこう。そうすれば、不幸な幸福に陥らずにすむ。体が呼吸を必要とするように、心にはあこがれが必要なのだ。すべてを手に入れてしまうと、どれも幻滅するものばかりで、何もかもつまらなく見えてくる。知識についても、好奇心をかきたて希望を呼び起こすためには、つねに何かを知らないまま残しておくのがよい。行きすぎた幸福は不幸を招く。

人を助けるときも、相手を完全に満足させないほうがいい。欲しいものが何もないと、すべてが怖くなり、不幸な幸福に陥る。欲望が消えうせると、恐怖が生まれるのだ。

名誉ある行動をする

Ⅷ

言葉と行動があって初めて完璧な人間になる。立派に話し、名誉ある行動をしなければならない。立派に話すことはすぐれた知性を、名誉ある行いは性格のすばらしさを示し、どちらも魂の高貴さから生まれるものである。だいじなのは、人の名声を伝えることより、自分が名声を得ることだ。

言うは易く行うは難し。人生において成すべきことは行動であり、言葉はその美しい衣装である。価値ある行動の効果は長続きするが、言葉はどんなにすばらしくても一瞬で過ぎ去る。行動は思考の果実であり、賢明な行動は望ましい結果を生むのだ。

すぐれた人物を見つける

Ⅷ

すぐれた人物を見つけよう。そうたくさんいるものではないが、危機を乗り越えた人、名将、名演説家、世紀の哲学者、傑出した王など、どの分野にも際立った人物はいる。平凡な人と取るに足らない人は同じぐらいたくさんいるが、非常にすぐれた人物はめったにいない。どこまでも完璧でなければならないし、優秀な人たちであればあるほど、その中でさらに優秀と評価されるのは難しくなる。

カエサルやアレクサンドロスをまねて帝王や大王を名乗る人もたくさんいるが、むだなことだ。偉大な行いがともなわなければ、仰々しい名前もただの空気と変わりない。哲学者にして劇作家だったセネカの名にふさわしい人はほとんどいないし、名画家アペレス（古代ギリシャの画家）を名乗れる人に至っては、アペレスその人ただ一人しかいないのだ。

努力で能力を磨く

Ⅷ

努力と能力——これらがなければ名をあげることはできないが、両方そろえばきわめて偉大な名声を得られる。凡人でも努力すれば、努力しない優秀な人よりも高い名声を得ることができる。名声は、働いた代価として得られるものであり、何もせずして得られるものに価値はない。
きわめて高い地位の人であっても、求められるのは能力より努力である。つまらぬ仕事で最高の結果を出すより偉大な仕事でほどほどに成功したい、というくらいならまだ許されるが、輝く能力があるのに、ほどほどの結果でいいや、という考えは許されない。結果を出すには素質も技術も必要だが、それらを磨きあげるのは努力である。

知識を持つか、
知識を持っている人を知る

良い人生を過ごす

VIII

自分で知識を持つか、そうでなければ、誰が知識を持っているかを知っておこう。自分のものであれ、人のものであれ、知性なくして真実の人生は生きられない。だが、多くの人は自分が無知であることを知らない。無知というのは何も知らないと気づいたとき、初めて知ったことになるのだ。

知性のない人間は救いがたい。無知な人は自分を知らないので、自分に何が足りないか考えることができない。そういうわけで、賢者にその貴重な智恵を乞う人はめったにいない。助言を求めたからといって、その人の偉大さが損なわれるわけでもなければ、無能になるわけでもない。助言を求めることは、思慮深さの証である。敗北を招きたくなければ、智恵ある人に相談しよう。多くの人は、もし自分が賢いと考えなければ賢者となっていたはずである。

愚かなことで死なない

VIII

愚かなことで死んではいけない。賢者はたいてい理性を失うまで生きる。愚者は理性を得る前に死ぬ。考えすぎて死ぬのは愚かなことである。考えたり感じたりしすぎて死ぬ人もいれば、まったく考えも感じもしないおかげで生きている人もいる。前者は悲しみが原因で死ぬゆえに愚かであり、後者は悲しまないゆえに愚かである。

知識が多すぎて死ぬのも愚かである。知りすぎたために死ぬ人もいれば、知らないために死ぬ人もいる。多くの人が愚かに死んでいくが、愚か者はめったに死なない。

多くの愚か者に流されない

Ⅷ

愚か者の集団に流されてはいけない。それが賢明に生きるための手段である。一致団結した愚か者の力は非常に強く、一人の愚か者には決して屈しない人でも、束になった愚か者からは逃れることができない。

愚か者の集団の中にあっては、彼らが共通して持っているひがみ根性に気をつけなければならない。どんなに恵まれた暮らしをしていても幸運だと思わない人もいれば、どんなに知性が乏しくても自分の知性に満足している人もいる。自分の知性に不満な人は不満な人で、人の知性をうらやむ。

過去の事物を賞賛する人もいる。過去のものはより良く見え、遠くから来たものは価値がより高く見える。何を見てもあざ笑う人もいれば、何を見ても泣く人もいるが、どちらも同じぐらい愚かである。

愛しすぎても、
憎みすぎてもいけない

良い人生を過ごす

Ⅷ

愛しすぎても、憎みすぎてもいけない。今日の友は明日の敵に、それも、もっとも手ごわい敵になるかもしれないと心しておこう。これは現実に起こりうることだから、用心しておくべきだ。

裏切った友が憎いからといって、武器を手にして戦いを挑んだりしてはいけない。逆に、和解の扉をつねに開けておこう。それによってこちらが寛大さを示すことができれば、相手も和解しようという気になるかもしれない。復讐はときに苦しみとなって長く残る。復讐をとげた喜びは、やがて深い悲しみに変わるものだ。

力がだめなら頭を使う

VIII

ライオンの皮がだめなら狐の皮をかぶろう。負けるが勝ちである。肝心なのは、欲しいものを手に入れることだ。力で手に入らなかったら、頭を使おう。一つの方法がだめなら別の方法、堂々と王道を行ってもだめなら、抜け目なくわき道を回ろう。力よりも頭を使ったほうがうまくいく。

賢人が勇者を制することのほうが、その逆より多い。それでも欲しいものが手に入らないなら、それに執着してはいけない。

晩年になってから人生を始めない

Ⅷ

いよいよ晩年というときになってから人生を始めてはいけない。多くの人は最初のうちに楽しみ、厄介なことはあと回しにする。だが、やらなければならないことこそ、最初にかたづけなくてはいけない。残りのことはあとで時間に余裕があればやればいい。戦いもしないのに勝ちたいと思う人がいる。

何の役にも立たないことばかり学び、名声と利益につながる勉強には最後の最後までとりかかろうとしない人もいる。いよいよこれから財を成すというときに、表舞台を退かなければならない人もいる。知識を得るにも、生きていくにも、手順を大切にしなければならない。

相手の答えの逆を考える

Ⅷ

悪意ある人と話すときは、相手の本心は答えと逆だと考えたほうがいい。彼らはいつでも反対のことを言う。彼らの否定は肯定であり、肯定は否定である。何かをけなしたら、それは最上級のほめ言葉だ。彼らは自分が欲しいものはけなすのがつねだからである。

逆にほめるということは、必ずしも良いと評価したということではない。良いものをほめたくないために、悪いものをほめる人もいる。また、悪いものがわからない人には、良いものもわからない。

利己的すぎもしないし
利他的すぎもしない

良い人生を過ごす

Ⅷ

自己中心的すぎるのもいけないし、他人のことばかり思いやるのもいけない。どちらも自分の中に卑しい暴君がいるようなものである。自分のためだけに生きようと望むことは、すべてを自分のものにしようと望むのと同じことだ。そういう人は、どんなことも頑としてゆずらないし、自分の暮らしの快適さが少しでも損なわれることは決して許さない。だが、ときには人のために生きるのもいいことだ。そうすれば、相手もこちらのために何かしてくれるかもしれない。

一方、人のためばかりに働く人もいる。これも愚かである。愚か者はいつも極端なことをするが、これは不幸の極みである。一日、一時間たりとも、自分の時間はない。あまりに人に尽くすので、奴隷のようにこき使われることもある。誰かがあなたに近づいてきたとしたら、目的はあなた自身ではない。あなたが持っているものや、あなたを通して得られるものが目当てなのだ。だが、賢者はそれを見抜いている。

小さな不幸を甘く見ない

Ⅷ

小さな不幸を甘く見てはいけない。そういう不幸はそれ一つで終わるものではない。幸運が連続して起こるのと同じである。幸運と不運はいつも仲間を探している。だからこそ、みな不幸を避け、幸運と仲良くしようとする。ついていないときは何ごとも失敗する。調子は出ないし、思う言葉も出てこないし、つきもはなれていく。

不幸の女神が眠っているときは、決して起こしてはならない。少々の失敗ならいいやと思っていると、致命的な損失につながり、それが延々ふくらんでいくかもしれない。完璧な幸福などないし、まったく救いのない不運もない。天から与えられた試練に耐え、地から与えられた試練には思慮深く対処しよう。

IX

成熟する

極端な考え方をしない

成熟する

IX

極端な考え方をしてはいけない。人はみな自分の利益に応じてそれぞれの意見を持ち、それに対して充分な論拠があると思っている。だが、たいていの場合、判断を下すのは感情だ。正反対の意見を持つ二人が出くわし、それぞれが自分の意見に理があると思っていることがある。だが、真実はつねに一つである。そんなとき、賢者は慎重になる。相手の考えを検討してみると、自分の考えに疑念がわいてくることがあるからだ。

相手の立場に立ち、相手の考えの根拠を考えてみることも大切だ。そうすれば、むやみやたらと相手を非難したり、自分の意見を正当化したりはできなくなる。

油断しない

IX

一日たりとも注意を怠ってはならない。運命はいたずら好きで、私たちの不意を襲おうと手ぐすね引いている。知性、思慮深さ、勇気、そして美しささえ、いつ試されるかわからない。だから、つねに備えをしておくべきである。

根拠もないのに自信があるような日にかぎって、とかく信用を落とすようなことをしてしまうものだ。一番注意が必要なときについ気を抜いてしまうように仕向け、私たちを破滅に追い込むのは、こういう油断である。したがって、不意打ちは、軍事戦略としても非常に有効だ。パレードのような晴れがましい日は、注意が行き届いているので無事に過ぎるだろうが、危ないのは、まさかこんなときにと思うような日なのである。

知らないことでは
安全な方法を選ぶ

何をやるにしても、勝手がわからないことをやるときは安全な方法を選ぼう。そうすれば、頭が切れるとは言われなくても、堅実だという評価は得られる。逆に、自分の庭のように精通している分野のことならば、いきなり飛び込み、好きなようにふるまってもかまわない。知識がほとんどないにもかかわらず、危険な道を選ぶのは、自ら墓穴を掘るのと変わらない。

一番手堅い道を選ぶのが良いだろう。すでに誰かが通った道なら、安全が確認されている。知識のない人は、何をやるにしても王道をはずれないことだ。手堅いことは独創的であることよりも大切である。

親切をおまけにつける

何をするにも親切をおまけにつけよう。そうすれば恩を売ることができる。相手が親切に感謝すれば、お礼の品もついてくる。親切を示さなければ、何の元手もかけずにお礼の品を得ることなどできない。親切は実態のある贈り物ではないが、相手に借りを感じさせることができる。心の広い人は相手に大いに恩を売れる。

まっとうに考える人にとっては、ただでもらったものほど高価なものはない。あなたの親切は、行為そのものの値段に、好意の値段を加えた高値で売れる。だが、受けた親切のありがたみを感じない低俗な人には、この手は通用しない。育ちの悪い彼らには、実態のない贈り物など理解できないだろう。

歳とともに訪れる性格の変化を活かす

成熟する

IX

歳とともに訪れる性格の変化を活かそう。性格は七年ごとに変わるといわれる。あなたらしさを活かしながら、より良く、より気高く成長できるように努めることだ。まず、最初の七年で理性が表れ、その後も七年が過ぎるごとに、新しい美徳が備わっていく。この変化をしっかり見つめ、成長をうながそう。そして、ほかの人も同様に成長できるよう祈ろう。この変化があるからこそ、多くの人は歳とともに地位や仕事を変え、行動を変える。だが、変化はとてもゆっくりしたものなので、かなり進行するまで本人が気づかないこともある。

二〇歳のとき、人は孔雀のように誇り高い。三〇歳では獅子の勇猛さを得る。四〇歳で駱駝の忍耐強さ、五〇歳で蛇の狡猾さ、六〇歳で犬の警戒心、七〇歳で猿の賢明さを得て、そして八〇歳で無に帰す。

悪評を受けるようなことはしない

IX 成熟する

どんなことであれ、悪評を立てられるようなことをしてはならない。どんなにすぐれた才能も、悪評と結びつけば欠点になる。人と違うことをすると、悪評を立てられやすい。つねに責められ、徹底的にのけ者にされる。美貌さえ、度が過ぎれば悪評を生む。魅力的であるからこそ反感を呼ぶのだ。だから、恥知らずな奇矯なふるまいなどしたら、悪く言われるのは当然のことである。

だが、邪悪な人の中には、悪いことでもよいから名声を得ようと、目新しい悪事を追求する人もいる。知性という点で考えると、度を超えた博識は知ったかぶりにつながる。

反論してくる相手に反論しない

332—333

何でも言い返してくる相手には、反論しないほうがいい。悪知恵による反論と単に低俗な反論は区別して考えるべきである。強情から反発する人ばかりとはかぎらず、狡猾にこちらを陥れようとしている人もあることを、よく承知しておくべきだ。前者につかまればもめごとになり、後者につかまると危険な目に遭う。

スパイにはいくら注意しても足りない。心のドアをこじあけようとする人に対しては、念のため、ドアの内側にもう一つ鍵をつけておいたほうがいい。

余計な口出しをしない

IX

成熟する

余計な口出しをしないようにしよう。そうすれば人に軽んじられることはない。人に尊敬されたければ、まず自分を尊敬することだ。何にでも顔を出すより、出し惜しみしよう。そうすれば、必要とされ、歓迎される。呼ばれもしないところへ行ったり、頼まれもしないところに出かけたりしてはいけない。自発的に引き受けたことは、失敗すれば全責任を負わされ、成功しても誰にも感謝されない。自分の仕事に専念せず、余計な口出しばかりする人はつねに非難の的になる。恥知らずにも押し入ってくるので、恥とともに追い出されることになる。

人の不運に巻き込まれない

成熟する

IX

人の不運に巻き込まれないようにしよう。泥沼にはまっている人がいたら、どんなふうに人に助けを求めるか、注意して観察するといい。苦境にあるときは同伴者がいることが大きな慰めになる。苦境に陥った人は、ともに耐えてくれる人を求めている。

恵まれているときには冷淡にした相手に、救いの手をさしのべることも多い。だが、溺れる人を助けるときは、自分まで溺れてしまうことがないよう、充分注意する必要がある。

余計な責任を負わない

余計な責任を負わないようしよう。さもないと誰にでもこき使われてしまう。世の中には、善行をすべく生まれついた人と、善行を受けるべく生まれついた人がいるが、幸運なのは前者である。だが、自由はとても貴いものであり、贈り物と引き換えに手放すようなことがあってはならない。

責任を負うこともだいじだが、しがらみをなくすことをもっと重視すべきだ。権力を持つことの唯一の利点は善行をたくさん積めるところである。だが、何より気をつけるべきは、人から受けた恩義を親切だと勘違いしないことだ。たいていの場合、相手はあなたに恩を売ろうと思っているだけである。

情に任せて行動しない

情に任せて行動してはいけない。そんなことをすればすべてを失ってしまう。本来の自分でなくなっているときには、分別ある行動はできない。感情はつねに理性を踏み越える。そんなときは、つねに冷静な態度を保てる賢明な仲介者を間に入れるといい。第三者は客観的でいられるので、ものごとをよりよく見ることができる。

頭に血が上って自分を抑えられなくなったことに気づいたら、とにもかくにもその場から撤退することだ。ほんのいっときわれを忘れただけでも、何日も後悔し、相手から苦情を言われ続けることになる。

相手を試す

IX

相手を試す方法を知っておこう。賢者はつねに用心して邪悪な人の罠から身を守らなければならない。だが、人の性格を試すには大変な判断力がいる。人間の性格を知ることは、植物や鉱物の性格を知ることより重要であり、実際、人生でもっとも智恵を要することである。

音で鉱物の性質が見分けられるように、人間は声で判別できる。言葉、そして行動は誠実さの証である。この二つはとりわけ注意深く観察し、鋭く見きわめて、慎重に判断しなければならない。

やってもいないのに
やったふりをしない

やってもいないのにやったふりをしてはいけない。大したこともしていないのに、自分はあれをやったと主張する人は多い。自分だけが知っている重大な秘密を打ち明けるかのように、何ごともったいぶって話す。無節操に賞賛を求め、さんざん人を笑わせて受けを狙う。虚栄心はつねにいやなものだが、こういう手合いはとくに卑しむべき人である。この名誉を求める蟻のような人たちは、偉業のかけらをくすねようとあちこち這い回っている。だが、自分の行為が立派であればあるほど、それを言いふらす必要はなくなるのだ。

成しとげたということに満足し、話すことは人に任せよう。立派な行為は贈り物として捧げるべきであって、売るものではない。自分への賛辞を泥の上に書き残そうとして、堕落したペンを手にしてはいけない。そんなことをすれば心ある人の物笑いの種になるだけだ。単に英雄に見えることを望むより、真の英雄となることを目指そう。

つねに人の目を意識する

成熟する

IX

つねに他人の目を意識しよう。誰かに見られている、あるいは見られるだろうと思えば、人はおのずと周囲に注意する。壁にも耳があるから、悪いことをすればすぐに知れわたり、報いを受けることになる。たとえ一人でいるときも、全世界の目が自分に注がれていると思って行動すべきである。遅かれ早かれすべては明るみに出ることだ。

あとになって自分の行為を知ることになる人たちが、今、この場にいると考えるとよい。全世界がいつも自分を見ていてくれたらと願っている人は、隣人が塀越しにのぞいていても気にしない。

聖人であれ

IX

成熟する

いろいろ述べてきたが、簡単にいえば、聖人であれということにつきる。それがすべてだ。美徳とは一連のあらゆる完璧さを指し、あらゆる幸福の中心である。美徳のおかげで人は思慮深く、慎重で、機敏で、用心深く、賢明になる。また、勇敢で、思いやりがあり、信頼でき、幸福で、人望があり、正直にもなる。多くの人に愛される英雄を生むのも美徳である。人が幸福になるのに必要なものは三つ、すなわち健康、美徳、智恵である。美徳はこの世の太陽であり、良心の軌道を周回する。美徳はあまりに美しいので、神と人間の両方から愛される。美徳ほど愛すべきものはなく、悪徳ほど憎むべきものはない。人間の能力と偉大さは、運ではなく美徳で評価すべきである。美徳さえあればほかには何もいらない。美徳は人生においてその人を愛すべき存在にし、死後においては記憶すべきものにしてくれる。

成熟した人間になる

成熟する

IX

その人がどれだけ成熟しているかは、外見ばかりでなく習慣に表れる。金属の貴さは重さに表れるが、人間の貴さは道徳心の重さに表れる。人間が成熟すると、能力にみがきがかかり、尊敬を集めるようになる。落ち着いた態度はその人の心の表れである。浅はかな人に見られる無感動な態度は、成熟によるものではない。

成熟は権威ある人の穏やかさに宿る。このような人たちの言葉はすべて傾聴に値する演説であり、行いはすべて偉業である。人は成熟するにつれ、人間として完成に近づいていく。幼稚なふるまいをやめれば、真剣な態度と権威が身に備わってくる。

賢く生きる智恵《かしこくいきるちえ》 ——新版

二〇二〇年十一月二五日 初版第一刷発行

著者 バルタザール・グラシアン
訳者 野田恭子
翻訳協力 株式会社トランネット
DTP 松井和彌
発行人 北畠夏影
発行所 イースト・プレス
東京都千代田区神田神保町二-四-七久月神田ビル 〒一〇一-〇〇五一
電話 〇三-五二一三-四七〇〇
FAX 〇三-五二一三-四七〇一
https://www.eastpress.co.jp
印刷所 中央精版印刷株式会社

ISBN978-4-7816-1935-4